明永樂内府本四書集注大全

第一册

明 胡廣等撰

中國國家圖書館藏明永樂十三年内府刻本

山東人民出版社·濟南

圖書在版編目（CIP）數據

明永樂内府本四書集注大全 / (明) 胡廣等撰 .— 濟南：山東人民出版社，2024.3

（儒典）

ISBN 978-7-209-14302-8

Ⅰ.①明… Ⅱ.①胡… Ⅲ.①四書-注釋 Ⅳ.① B222.12

中國國家版本館 CIP 數據核字（2024）第 037133 號

項目統籌：胡長青

責任編輯：趙　菲

裝幀設計：武　斌

項目完成：文化藝術編輯室

明永樂内府本四書集注大全

〔明〕胡廣等撰

主管單位　山東出版傳媒股份有限公司

出版發行　山東人民出版社

出 版 人　胡長青

社　　址　濟南市市中區舜耕路517號

郵　　編　250003

電　　話　總編室（0531）82098914

　　　　　市場部（0531）82098027

網　　址　http://www.sd-book.com.cn

印　　裝　山東華立印務有限公司

經　　銷　新華書店

規　　格　16開（160mm×240mm）

印　　張　191.25

字　　數　1530千字

版　　次　2024年3月第1版

印　　次　2024年3月第1次

ISBN 978-7-209-14302-8

定　　價　554.00圓（全十册）

#《儒典》選刊工作團隊

學術顧問　杜澤遜　李振聚　徐　泳

項目統籌　胡長青

責任編輯　劉　晨　劉嬌嬌　張艷艷
　　　　　呂士遠　趙　菲　劉一星

前言

中國是一個文明古國、文化大國，中華文化源遠流長，博大精深。在中國歷史上影響較大的是孔子創立的儒家思想，因此整理儒家經典、注解儒家經典，爲儒家經典的現代化闡釋提供权威、典范、精粹的典籍文本，是推進中華優秀傳統文化創造性轉化、創新性發展的奠基性工作和重要任務。

中國經學史是中國學術史的核心，歷史上創造的文本方面和經解方面的輝煌成果，大量失傳了。西漢是經學的第一個興盛期，除了當時非主流的《詩經》毛傳以外，其他經師的注釋後來全部失傳了。東漢的經解祇有鄭玄、何休等少數人的著作留存下來，其餘也大都失傳了。南北朝至隋朝興盛的義疏之學，其成果僅有皇侃《論語疏》幸存於日本。五代時期精心校刻的《九經》、北宋時期國子監重刻的《九經》以及校刻的單疏本，也全部失傳。南宋國子監刻的單疏本，我國僅存《周易正義》、《爾雅疏》、《春秋公羊疏》（三十卷殘存七卷）、《春秋穀梁疏》（十二卷殘存七卷），日本保存了《尚書正義》、《毛詩正義》、《禮記正義》（七十卷殘存八卷）、《周禮疏》（日本傳抄本）、《春秋公羊疏》（日本傳抄本）、《春秋正義》（日本傳抄本）。南宋兩浙東路茶鹽司刻八行本，我國保存下來的有《周禮疏》、《禮記正義》、《春秋左傳正義》（紹興府刻）、《論語注疏解經》（二十卷殘存十卷）、《孟子注疏解經》（存臺北『故宮』），日本保存有《周易注疏》《尚書正義》（凡兩部，其中一部被清楊守敬購歸）。南宋福建刻十行本，我國僅存《春秋穀梁注疏》、《春秋左傳注疏》（六十卷，一半在大陸，一半在臺灣），日本保存有《毛詩注疏》《春秋左傳注疏》。從這些情況可以看出，經書代表性的早期注釋和早期版本國内失傳嚴重，有的僅保存在東鄰日本。

鑒於這樣的現實，一百多年來我國學術界、出版界努力搜集影印了多種珍貴版本，但是在系統性、全面性和準確性方面都還存在一定的差距。例如唐代開成石經共十二部經典，石碑在明代嘉靖年間地震中受到損害，明代萬曆初年西安府學等學校師生曾把損失的文字補刻在另外的小石上，立於唐碑之旁。近年影印出版唐石經拓本多次，都是以唐代石刻與明代補刻割裂配補的裱本爲底本。由於明代補刻采用的是唐碑的字形，這種配補本難以區分唐刻與明代補刻，不便使用，亟需單獨影印唐碑拓本。

爲把幸存於世的、具有代表性的早期經解成果以及早期經典文本收集起來，系統地影印出版，我們規劃了《儒典》編纂出版項目。

《儒典》出版後受到文化學術界廣泛關注和好評，爲了滿足廣大讀者的需求，現陸續出版平裝單行本。共收録一百十一種元典，共計三百九十七册，收録底本大體可分爲八個系列：經注本（以開成石經、宋刊本爲主。開成石經僅有經文，無注，但它是用經注本删去注文形成的）、經注附釋文本、纂圖互注本、單疏本、八行本、十行本、宋元人經注系列、明清人經注系列。

《儒典》是王志民、杜澤遜先生主編的。本次出版單行本，特請杜澤遜、李振聚、徐泳先生幫助酌定選目。特此説明。

二〇二四年二月二十八日

目録

第一册

第二册

第三册

第四册

第五册

第八册

第九册

第十册

讀大學法

朱子曰。語孟隨事問答。難見要領。惟大學是曾子述孔子說古人爲學之大方。而門人又傳述以明其旨。前後相因。體統都具。玩味此書。知得古人爲學所向。却讀語孟便易（去聲）入。後面工夫雖多。而大體已立矣。○看這一書。又自與看語孟不同。語孟中只一項事是一箇道理。如孟子說仁義處。只就仁義上說道理。孔子答顏淵以克己復禮。只就克己復禮上說道理。若大學却只統說。論其功用之極至於平天下。然天下所以平。却先須治國。國之所以治。却先須齊家。家之所以齊。却先須修身。身之所以修。却先須正心。心之所以正。却先須誠意。意之所以誠。却先須致知。知之所以至。却先須格物。○大學是爲學綱目。先讀大學。立定綱領。他書皆雜說在裏許。通得大學了。去看他經。方見得此是格物致知事。此是誠意正心事。此是修身事。此是齊家治國平天下事。○今且熟讀大學作間架。却以他書填補去。○大學是通言學之初終。中庸是指本原極致處。○問欲專看一書以何爲先。曰。先讀大學。可見古人爲學首末次第。不比他書。他書非一時所言。非一人所記

又曰。看大學固是著逐句看去。也須先統讀傳文敎熟。方

好從頭仔細看若全不識傳文大意便看前頭亦難

又曰嘗欲作一說教人只將大學一日去讀一遍看他如何是大人之學如何是小學如何是明明德如何是新民如何是止於至善日日如是讀月來日去自見所謂温故而知新須是知新日日看得新方得却不是道理解新但自家這箇意思長長地新○讀大學初間也只如此讀後來也只如此讀只是初間讀得似不與自家相關後來看熟見許多說話須著如此做不如此做自不得○讀書不可貪多當且以大學爲先逐段熟讀精思須令了了分明方可改讀後段看第二段却思量前

段令文意連屬音燭却不妨○問大學稍通方要讀論語

曰且未可大學稍通正好著陟略反下同心精讀前日讀時

見得前未見得後面見得後未見得前面令識得大綱

體統正好熟看讀此書功深則用博昔尹和靖見伊川

半年方得大學西銘看令人半年要讀多少書某且要

人讀此是如何緣此書却不多而規模周備凡讀書初

一項須著十分工夫了第二項只費得八九分工夫第

三項便只費得六七分工夫少間讀漸多自通貫他書

自著不得多工夫○看大學俟見大指乃及他書但看

時須是更將大段分作小段字字句句不可容易放過

常時暗誦默思。反覆研究。未上口時須教上口。未通透時須教通透。已通透後便要純熟。直待不思索時。此意常在心胷之間。驅遣不去。方是此一段了。又換一段看。令如此數段之後。心安理熟。覺工夫省力時。便漸得力也。

又曰。大學是一箇腔子。而今卻要填教平聲他實。如他說格物。自家須是去格物後填教他實著。誠意亦然。若只讀得空殼子。亦無益也。◯讀大學豈在看他言語。正欲驗之於心如何。如好好色。惡惡臭。試驗之吾心果能好善惡惡如此乎。閒居為不善。是果有此乎。一有不至。則勇

猛奮躍不已。必有長上聲進。今不知如此。則書自書。我自我。何益之有新安陳氏曰。凡讀書之法皆當如此。非但大學也

又曰。某一生只看得這文字透。見得前賢所未到處。溫公作通鑑。言平生精力盡在此書。某於大學亦然。先須通此。方可讀他書

又曰。伊川舊日教人先看大學。那時未解說。而今有註解。覺大段分曉了。只在仔細看者陳氏曰。大學章句已示學者一定之準。只直按他見成底。熟就裏面看。意思滋味。便見得無窮義理出焉

又曰。看大學且逐章理會。先將本文念得。次將章句來解本文。又將或問來參章句。須逐一令平聲下同記得。反覆尋

究待他浹洽。既逐段曉得。却統看溫尋過。

又曰。大學一書有正經。有章句。有或問。看來看去。不用或問。只看章句便了。久之。又只看正經便了。又久之。自有一部大學在我胸中。而正經亦不用矣。然不用某許多工夫。亦看某底不出。不用聖賢許多工夫。亦看聖賢底不出。

又曰。大學解本文未詳者。於或問中詳之。且從頭逐句理會到不通處。却看或問。乃註脚之註脚。○某解書不合太多。又先準備學者。爲（去聲）他設疑說了。所以致得學者看得容易（去聲）了。○人只說某說大學等不略說。使人自致思此事大不然。人之為學只爭箇肯與不肯耳。他若不肯向這裏略亦不解致思。他若肯向此一邊自然有味。愈詳愈有味。陳氏曰。大學約其旨於章句。已的確眞切。而詳其義於或問。又明實敷暢。章句中太簡。而或未喻。則易枯。必於或問詳之。或問中太博。而或未貫則易泛。必於章句約之。○新安陳氏曰。右二條之說不同。而可互相發明

大學章句序

大學之書，古之大學所以教人之法也。蓋自天降生民，則既莫不與之以仁義禮智之性矣。朱子曰。天之生民。各與以性。性非有物。只是一箇道理之在我者耳。仁則是箇温和慈愛底道理。義則是箇斷制裁割底道理。禮則是箇恭敬撙節底道理。智則是箇分別是非底道理。凡此四者具於人心。乃是性之本體。○雲峯胡氏曰。朱子四書釋仁曰。心之德愛之理。義曰。心之制事之宜。禮曰。天理之節文。人事之儀則。皆兼體用。獨智字未有明釋。嘗欲竊取朱子之意以補之曰。智則心之神明。所以妙衆理而宰萬物者也。番易沈氏云。智者涵天理動靜之機。具人事是非之鑑。○新安陳氏曰。書云。惟皇上帝。降衷于下民。若有恒性。六經言性自此始。謂天降生民而與之以性。亦本書之意而言。然其氣質之稟或不能齊，是以不能皆有以知其性之所有而全之也。新安陳氏曰。性之所有。即仁義禮智是也。性無智愚賢不肖之殊。惟氣有清濁。清者能知。而濁者不能知。故不能皆知。質有粹駁。粹者能全而駁者不能全。故不能皆全。知性之所有屬知。全性之所有屬行。知行二者。該盡一部大學意已寓於此矣**一有聰明睿智能盡其性者出於其間則天必命之以爲億兆之君師使之治**平聲下治人同**而教之以復其性。**

問何處見得天命處。朱子曰。此也如何知得。只是才生得一箇恁地底人。定是爲億兆之君師。便是天命之也。他既有許多氣魄才德。決不但已。必統御億兆之衆。人亦自是歸他。如三代已前聖人。都是如此。至孔子方不然。雖不爲帝王。然也閑他不得也。做出許多事來以教天下後世。是亦天命也。○新安陳氏曰。聰明睿智能盡其性者是就清濁粹駁不齊中指出極清極粹者言之。聰明睿智生知之聖也。與知其性相應。能盡其性安行之聖也。與全之相應。常人必先知其性。方可望以全其性。故於中下一而字。聖人合下生知安行。不待知而方全。故只平說。天必命之以爲億兆君師。君以治之。師以教之。變化其氣質而復還其本性。以上四箇性字。須融貫看透。三代以前聖賢之君。君師之責兼盡。三代以後。君道有畧得之者。而師道則絕無矣

此伏羲神農黃帝堯舜所

以繼天立極，而司徒之職、典樂之官所由設也。書舜典帝曰：契，汝作司徒，敬敷五教，在寬。又曰：夔，命汝典樂，教胄子。○朱子曰：天只生得許多人物，與你許多道理，然天却自做不得，所以必得聖人爲之脩道立教，以教化百姓，所謂裁成天地之道，輔相天地之宜是也。○古者教法，禮樂射御書數，不可闕一。就中樂之教尤親切。夔教胄子只用樂，大司徒之職也是用樂，蓋是教人朝夕從事於此，物束得心長在這上面。蓋爲樂有節奏，學他底急也不得，慢也不得，久之都換了他情性。○雲峯胡氏曰：司徒之職統教百姓，典樂之官專教胄子。○新安陳氏曰：上文說其理，此實之以其事。天生民而賦與之，不能教之。聖君代天立標準，以主教於上，而設司徒及典樂之官以掌教於下。此時教已立，而教之法未備，學之名未聞也。三代之隆，其法寖備，然後王宮國都以及閭巷，莫不有學。人生八歲，則自王公以下，至於庶人之子弟，皆入小學，而教之以灑上聲，又去聲。掃去聲應對進退之節，禮樂射御書數之文；朱子曰：古者小學已自是聖賢坯樸了。但未有聖賢許多知見。及其長也。令入大學使之格物致知長許多知見○番易齊氏曰。洒掃內則所謂雞初鳴洒掃室堂及庭。曲禮所謂爲長者糞加帚箕上以袂拘而退。以箕自向而扱之之類是也。應對內則所謂在父母之所。有命之。應唯敬對。曲禮所謂長者負劒辟呬詔之。負。置之於背。劒。挾之於旁。口耳之間曰呬。辟呬詔之。傾頭與語。則揜口而對之類是也。進退內則所謂在父母之所。進退周旋慎齊曲禮所謂凡與客入者每門讓於客。之類是也。禮習於度數之節文。所以教之中也。樂明於聲音之高下。所以教之和也。射法。一弓挾四矢。驗其中否以觀德行。御法。一車乘四馬。御者執轡立於車上。欲調習不失驅馳之正也。書書字之體。可以見心畫。數筭數之法。可以盡物變。周禮大司徒所以教萬民而賓興之者。始以六德。繼以六行。後及於六藝。非八歲以上者所能盡究其事。不過使曉其名物而已。故上三者言節。有品節存焉。下六者言文。文者名物之謂也。非其事也○勿軒熊氏曰。按大戴記保傅篇。古者年八歲出就外舍。學小藝焉。履小節焉。束髮就大學。學大藝焉。履大節焉。注曰。小學爲庠門。一作虎闈。大學在王宮之東。束髮。謂成童。尚書大傳曰。公卿之太子。元士之嫡子。年十三入小學。二十入大學。白虎通曰。

八歲入小學。十五入大學。此太子之禮也。按年數互有不同。而朱子獨以白虎通爲斷及其十有五年則自天子之元子衆子以至公卿大夫元士之適音的子。與凡民之俊秀皆入大學。新安陳氏曰。凡民惟賢者得入大學。不比小學。則無貴賤賢愚皆得入也而教之以窮理正心脩己治人之道。此又學校之教大小之節所以分也。新安陳氏曰。三代有小學大學之教法。未有書也。天子元子繼世有天下衆子建爲諸侯。公卿大夫元士適子將有國家之責。皆在所教。民之俊秀。他日亦將用之以佐理天下國家者也。窮理知之事。正心以下行之之事夫音扶以學校之設其廣如此。教之之術術即法也其次第節目之詳又如此。而其所以爲教則又皆本之人君躬行心得之餘。不待求之民生日用彝倫之外。新安陳氏曰。上言學校施教之法。此言君身爲立教之本。即所謂爲億兆君師繼天立極者也。躬行心得。謂躬行仁義禮智之道。心得仁義禮智之德。即行道而有得於心也。彝倫常理也是以當世之人無不學。其學焉者無不有以知其性分去聲下同之所固有職分之所當爲而各俛音免焉以盡其力。雲峯胡氏曰。前說上之所以爲教此說下之所以爲學。○新安陳氏曰。性分固有即仁義禮智是理是體。職分當爲。如子職分當孝臣職分當忠之類是事是用。知性分職分是知之事。俛焉盡力是行之事。與前知性之所有而全之相照應此古昔盛時所以治去聲下同隆於上。俗美於下。而非後世之所能及也。及周之衰。賢聖之君不作。學校之政不脩。教化陵夷。風俗頹徒回反敗。時則有若孔子之聖。而不得君師之位以行其政教。於是獨取先王之法。誦而傳之以詔後世。新安陳氏曰。皇帝生當天地氣運盛時。所以達而在上。以身爲教。而道行於當世。孔子當天地氣運衰時。不免窮而在下。以言爲教。傳諸其徒。而道明於後世而已若曲禮少去聲儀內則弟子職諸篇固小學之支流餘裔餘制反○番易齊氏曰曲禮少儀內則見禮記弟子職見管子此四篇作於春秋時三代小學之全法僅存其一二故曰支流餘裔支流水之旁出而非正流者餘裔衣裾之末也而此篇者則因小學之成功以著大學之明法外有以極其規模之大而內有以盡其節目之詳者也問外有以極其規模之大內有以盡其節目之詳朱子曰這箇須先識得外面一箇規模如此大了而內做工夫以實之凡人為學便當以明德新民止於至善及明明德於天下為事不成只要獨善其身便了須是志於天下所謂志伊尹之所志學顏子之所學也所以大學第二句便說在新民○新安陳氏曰規模之大指三綱領節目之詳指八條目孔子時方有大學一章之經○東陽許氏曰規模節目以三綱八條對言則三綱為規模八條為節目謂八條即三綱中事也獨以八條言之則平天下為規模上七條為節目平天下是大學之極功然須是有上七條節節做工夫行至于極然後可以天下平三千之徒蓋莫不聞其說

而曾氏之傳獨得其宗，於是作爲傳去聲義以發其意。曾子方有今大學之傳，以發明孔子之意。及孟子沒而其傳泯音閔焉，則其書雖存，而知者鮮上聲矣。自是以來，俗儒記誦詞章之習，其功倍於小學而無用。朱子曰：自聖學不傳，爲士者不知學之有本，而所以求於書不越乎記誦訓詁文詞之間，是以天下之書愈多而理愈昧，學者之事愈勤而心愈放，詞章愈麗，議論愈高，而其德業事功之實愈無以逮乎古人。○新安陳氏曰：記誦，口耳之學；詞章，枝葉之文。異端虛無寂滅之教，其高過於大學而無實。問：異端何以高而無實？朱子曰：吾儒便著讀書，逐一就事物上理會道理。異端便都掃了，只恁地空空寂寂，便道事都了。若將些子事付之，便都沒奈何。○雲峯胡氏曰：此之虛，虛而有；彼之虛，虛而無。此之寂，寂而感；彼之寂，寂而滅。所以高而無實。○新安陳氏曰：老氏虛無，佛氏寂滅。其他權謀術數，一切以就功名之說，與夫音扶百家衆技之流，所以惑世誣民，充塞。先則反下同仁義者又紛然雜出乎其閒。朱子曰。秦漢以來隨世以就功名者未必自其本而推之。是以天理不明而人欲熾。道學不傳而異端起。人挾其私智以馳騖於一世。○新安陳氏曰。權謀術數。謂管仲商鞅等。百家衆技。如九流等是也使其君子不幸而不得聞大道之要其小人不幸而不得蒙至治之澤。晦盲眉庚反否塞。東陽許氏曰。如月之晦。如目之盲。如氣之否。如川之塞。晦盲言不明。否塞言不行。反覆沈俗作沉非痼音固○東陽許氏曰。反覆是展轉愈深而不可去底意。沈。如物沒於水而不可浮。痼。如病著於身而不可愈以及五季謂梁。唐。晉。漢。周。五代季世之衰而壞亂極矣雲峯胡氏曰。惑世誣民使斯民昏而不能知。充塞仁義。使斯道壅而不能行。晦盲。全無知者。否塞全無能行者。所以爲壞亂之極也。大道之要。是大學書中所載者。至治之澤。是自大學中流出者。上之人無能知此大學。故君子不得聞大道之要。上之人無能行此大學。故小人不得蒙至治之澤天運循環無往不復。宋德隆盛治教休明於是河南程氏兩夫子出。伯子諱顥，字伯淳，號明道先生；叔子諱頤，字正叔，號伊川先生。而有以接乎孟氏之傳。實始尊信此篇而表章之。既又爲去聲之次其簡編。發其歸趣。音娶。○新安陳氏曰：孟子没而其傳泯焉。至二程夫子出而絶學復傳。於是始拔大學篇於戴記之中而尊信之。又整頓其錯亂之簡而發揮之。但未成書耳。然後古者大學教人之法。此八字收拾序文起句。聖經賢傳去聲之指。粲然復扶又反明於世。雖以熹之不敏。亦幸私淑而與去聲有聞焉。新安陳氏曰：孟子云：予未得爲孔子徒也，予私淑諸人也。此用其語，謂聞程子之教於延平李先生諸公。○東陽許氏曰：私淑者，私善於人。孟子不得爲孔子之徒，而私善於再傳之子思；朱子不得爲程子之徒，而私善於三傳之李氏。此私淑字最切。顧其爲書猶頗放失。是以忘其固陋。采而輯音集之。閒亦竊附己意。補其闕略。謂補傳之第五章。以俟後之君子。極知僭踰無所逃罪。然於國家化民成俗之意學者脩已治人之方則未必無小補云。脩已治人四字包盡大學體用綱目淳熙己酉二月甲子新安朱熹序新安陳氏曰。此序分六節。精義尤在第二節。曰知其性之所有而全之。曰教之以復其初。是也。朱子論學。必以復性初為綱領。要歸論語首註學字。曰人性皆善。曰明善而復其初。小學題辭曰仁義禮智人性之綱。曰德崇業廣。乃復其初。此書首釋明明德。亦曰遂明之以復其初。與此序凡四致意焉。聖人盡性。盡其本全者也。學者復其性。復而後能全也。欲知性之所有在格物致知。欲復全其性之所有在誠意正心脩身。以力於行而已。讀此序此書者。其以知性之所有與復其性初為要領。以知行為工夫而融貫其旨云

大學章句大全 大舊音泰今讀如字

子程子曰。新安陳氏曰。程子上加子字。倣公羊傳註子沈子之例。乃後學宗師先儒之稱大學孔氏之遺書而初學入德之門也。於今可見古人爲學次第者獨賴此篇之存而論孟次之。學者必由是而學焉則庶乎其不差矣。龜山楊氏曰。大學一篇聖學之門戶。其取道至徑。故二程多令初學者讀之。○朱子曰。大學首尾貫通。都無所疑。然後可及語孟。又無所疑。然後可及中庸。○某要人先讀大學以定其規模。次讀論語以立其根本。次讀孟子以觀其發越。次讀中庸以求古人之微妙。○陳氏曰。爲學次序自有其要。先須大學以爲入德之門。以其中說明明德新民具其條理。實群經之綱領也。次則論語以爲操存涵養之實。又其次則孟子以爲體驗充廣之端。三者既通。然後會其極於中庸。又曰。大學規模廣大而本末不遺。節目詳明而始終不紊。學者所當最先講明者。○新定邵氏曰。他書言平天下本於治國。治國本於齊家。齊家

本於脩身者有矣言脩身本於正心者亦有矣若夫推正心之本於誠意誠意之本於致知致知之在於格物則他書未之言六籍之中惟此篇而已

大學之道在明明德在親民在止於至善

程子曰親當作新○大學者大人之學也明明之也明德者人之所得乎天而虛靈不昧以具衆理而應萬事者也朱子曰天之賦於人物者謂之命人與物受之者謂之性主於一身者謂之心有得於天而光明正大者謂之明德○問明德是心是性曰心與性自有分別靈底是心實底是性性便是那理心便是盛貯該載敷施發用底心屬火緣他是箇光明發動底物所以具得許多道理如向父母則有那孝出來向君則有那忠出來這便是性如知道事親要孝事君要忠這便是心張子曰心統性情此說最精密○虛靈不昧便是心此理具足於中無少欠闕便是性隨感而動便是情○虛靈自是心之本體非我所能虛也耳目之視聽所以視

聽者即其心也。豈有形象。然有耳目以視聽之。則猶有形象也。若心之虛靈。何嘗有物。○只虛靈不昧四字說明德意已足矣。更說具衆理應萬事。包體用在其中。又却實而不爲虛。其言的確渾圓。無可破綻處。○北溪陳氏曰。人生得天地之理。又得天地之氣。理與氣合。所以虛靈。○黄氏曰。虛靈不昧。明也。具衆理應萬事。德也。具衆理者。德之全體未發者也。應萬事者。德之大用已發者也。所以應萬事者。即其具衆理者之所爲也。未發則炯然不昧。已發則品節不差。所謂明德也。○玉溪盧氏曰。明德只是本心。虛者心之寂。靈者心之感。心猶鑑也。虛猶鑑之空。明猶鑑之照。不昧申言其明也。虛則明存於中。靈則明應於外。惟虛故具衆理。惟靈故應萬事。○東陽許氏曰。大學之道。是言大學中教人脩爲之方。如君子深造之以道之道。

但爲氣禀所拘。人欲所蔽。則有時而昏。然其本體之明。則有未嘗息者。故學者當因其所發而遂明之。以復其初也。

朱子曰。明德未嘗息。時時發見於日用之間。如見孺子入井而怵惕。見非義而羞惡。見賢人而恭敬。見善事而歎慕。皆明德之發見也。雖至惡之人。亦時有善念之發。但當因其所發之端接續光明之。○人明德。謂本有此明德也。孩提之童無不知愛其親。及其長也。無不知敬其兄。其良知良能。本自有之。只爲私欲所蔽。故暗而不明。所謂明明德者。求所以明之也。譬如鏡焉。本是箇明底物。緣爲塵昏。故不能照。須是磨去塵垢。然後鏡復明也。○明德是一箇光明底物事。如一把火將去照物。則無不燭。便是明德。若漸隱微便暗了。吹得這火著。便是明其明德。○新安吳氏曰。氣禀拘之有生之初。物欲蔽之有生之後。不昧者所以昏也。然雖有昏昧之時。而無息滅之理。○雙峯饒氏曰。明之之功有二。一是因其發而充廣之。使之全體皆明。一是因已明而繼續之。使無時不明。○雲峯胡氏曰。章句釋明德以心言。而包性情在其中。虛靈不昧是心。具衆理是性。應萬事是情。有時而昏。又是說心。本體之明。又是說性。所發又說情。當因其所發而遂明之。即孟子言四端。而謂知皆擴而充之也。○新安陳氏曰。常人於明德之發見。隨發而隨泯。學者於明德之發見處。當體認而充廣之。所謂遂明之也。氣禀拘。物欲蔽。則明者昏而初者失。致其明之之功。以變化其氣質。則昏者明而初者復。○東陽許氏曰。氣禀所拘。就有生之初言之。

人欲所蔽。就有知之後言之新者革其舊之謂也。言既自明其明德。又當推以及人。使之亦有以去上聲其舊染之污音烏又去聲也。朱子曰。此理人所均有。非我所得私。既自明其明德。須當推以及人。見人爲氣與欲所昏。豈不惻然欲有以新之。○問明德新民在我有以新之。至民之明其明德。卻又在他。曰。雖說是明己德新民德。然其意自可參見。明明德於天下。自新以新其民可知。○北溪陳氏曰。新與舊對。明者昏則舊矣。感發開導。去其舊污。則昏者復明。又成一箇新底。是新之也。○玉溪盧氏曰。新民是要人人皆明明德。民無不新。則民之明德無不明。而我之明德明於天下矣。○新安陳氏曰。書云。舊染污俗。咸與惟新。章句本此以釋新民。止者必至於是而不遷之意。至善則事理當然之極也。朱子曰。說一箇止字。又說一箇至字。直是要到那極至處而後止。故曰君子無所不用其極也。○未至其地。則必求其至。既至其地。則不當遷動而之他也。未至此便住。不可謂止。至此不能守。亦不可謂止。○至善。如言極好道理十分盡頭。善在那

裏。自家須去止他。止則善與我一。未能止善自善。我自我。○雲峯胡氏曰。必至於是。知至至之也。不遷。知終終之也

言明明德新民。皆當止於至善之地而不遷。蓋必其有以盡夫音扶**天理之極。而無一毫人欲之私也。**

朱子曰。明德新民非人力私意所爲。本有一箇當然之則。過之不可。不及亦不可。如孝是明德。然自有當然之則。不及固不是。若過其則。必有刲股之事。須是到當然之則處而不遷。方是止於至善。止至善包明德新民。己也要止於至善。民也要止於至善。在他雖未能。在我所以望他則不可不如是也。○問明明德是自己事。可以做得到極好處。若新民則在人。如何得他到極好處。曰。且教自家先明得盡。然後漸民以仁。摩民以義。如孟子所謂勞之來之。匡之直之。輔之翼之。又從而振德之。如此變化他。自解到極好處。○問至善不是明德外別有所謂善。只就明德中到極處便是否。曰。是。明德中也有至善。新民中也有至善。皆要到那極處。至善只是以其極言。不特是理會到極處。亦要做到極處。如爲人君止於仁。固是一箇仁。然亦多般。須是隨處看。如這一事合當如此是仁。那

一事又合當如彼亦是仁。若不理會。只管執一。便成一邊去。安得謂之至善。至善只是恰好處。○雙峯饒氏曰。明德以理之得於心者言。至善以理之見於事者言。以明明德對新民。則明明德爲主。以明明德新民對止至善。則止至善爲重。○新安吳氏曰。止至善爲明明德新民之標的。極盡天理。絕無人欲。爲止至善之律令。然既言事理當然之極。又言天理之極者。蓋自散在事物者而言則曰事理。是理之萬殊處。一物各具一太極也。自人心得於天者而言。則曰天理。是理之一本處。萬物體統一太極也。然一實萬分。故曰事理。衆理會萬爲一。則曰天理。一理而已。○新安陳氏曰。天理人欲相爲消長。纔有一毫人欲之私。便不能盡夫天理之極。不得云止於至善矣。

此三者大學之綱領也。新安陳氏曰。綱以大綱言。如綱之有綱。綱舉則目張。領以要領言。如裘之有領。領挈而裘順。○朱子曰。明明德新民。止至善。此八字已括盡一篇之意。○玉溪盧氏曰。明明德。是下文格物致知誠意正心脩身之綱領。新民是下文齊家治國平天下之綱領。止至善。總明明德新民而言。又八者逐條之綱領。要而言之。則明明德又爲三者之綱領。乃大學一書之大綱領也。○番易沈氏曰。大學之體在明德。其用在新民。其體用之準則在止至善。要其用力之方。在知與行而已。格物致知。知之事也。誠意正心脩身。行之事也。行以知爲先。知以行爲重。知之精。則行愈達。行之力。則知愈進。物格而知以至。意誠心正而身以脩。則吾德之本明者極其明。而吾身之所止者極其善矣。由身而家而國而天下。善教行焉。善政施焉。莫不革其舊染而復其性初。天下之明德。非一人之明德乎。一人之至善。非天下之至善乎

知止而后有定。定而后能靜。靜而后能安。安而后能慮。慮而后能得

止者。所當止之地。即至善之所在也。此止字即接上文在止於至善之止字說下來知之則志有定向。靜謂心不妄動。安謂所處上聲下同而安。慮謂處事精詳。得謂得其所止。朱子曰。知止是識得去處。既識得。心中便定。更不他求。如行路知得從這一路去。心中自是定。如求之此。又求之彼。即是未定。定靜

安慮得五字是功效次第不是工夫節目。纔知止自然相因而見。○定靜安相去不遠。但有淺深耳。與中庸動變化相類。皆不甚相遠。定以理言。故曰有。靜以心言。故曰能。靜是就心上說。安是就身上說。○既見得事物有定理。而此心恁地寧靜了。看處在那裏。在這裏也安。在那裏也安。安而後能慮。慮是思之精審。今人心中搖漾不定疊。還能處得事否。人處事於叢冗急遽之際而不錯亂。非安不能也。知止是知事物所當止之理。到臨事又須研幾審處。方能得所止。○知止只是知有這箇道理。也須是得其所止方是。若要得其所止。直是能慮方是能慮。却是要緊。知止。如知為子而必孝。知為臣而必忠。能得是身親為忠孝之事。若徒知這箇道理。至於事親之際。為私欲所汨。不能盡其孝。事君之際。為利祿所汨。不能盡其忠。這便不是能得矣。能慮。是見得此事合當如此。便如此做。○知止。如射者之於的。得止是已中其的。○定靜安三字雖分節次。其實知止後皆容易進。安而后能慮。慮而后能得。此最是難進處。多是至安處住了。安而后能慮。非顏子不能之。去得字地位雖甚近。然只是難進。挽弓到臨滿時。分外難開。○勉齋黃氏曰。大學之道。在於明德新民。明德新民之功。在於至善。至善之理。又在於必至而不遷。故此一節但以止爲言。曰知曰得。止之兩端。定者。知所止之驗。慮者。得所止之始。曰靜曰安。則原於知而終於得。有必至不遷之意矣○雙峯饒氏曰。譬之秤。知止是識得秤上星兩。慮是將來秤物時。又仔細看。能得是方秤得輕重的當。定靜安在事未至之前。慮是事方至之際。四者乃知止所以至能得之脉絡○雲峯胡氏曰。定而能靜。則事未來而此心之寂然不動者不失。安而能慮。則事方來而此心之感而遂通者不差○新安陳氏曰。明德新民所以得止於至善之由。其緊要處先在知止上。蓋於事事物物皆知其所當止之理。即物格而知至也。下文致知知至之知字。已張本於此矣

物有本末。事有終始。知所先後。則近道矣

明德爲本。新民爲末。知止爲始。能得爲終。本始所先。末終所後。此結上文兩節之意問事物何分別。朱子曰。對言則事是事。物是物。獨言物。則兼事在其中。知止能得。如耕而種而耘而斂。是事有箇首尾如此。明德是理會己之一物。新民是理會天

下之萬物。以己之一物。對天下之萬物。便有箇內外本末。知所先後。自然近道。不知先後便倒了。如何能近道。○三山陳氏曰。新民者自明明德而推也。己德不明。未有能新民者。此明明德所以爲新民之本。能得者。原於知止而後致也。苟始焉不知止於至善。亦未見其卒於有得矣。此知止所以爲能得之始。○玉溪盧氏曰。物有本末結第一節。事有終始。結第二節。知所先後。則近道矣兩句。再總結兩節。一箇先字。起下文六箇先字。一箇後字起下文七箇後字。不特結上兩節。亦所以起下文兩節之意。○仁山金氏曰。不曰此是大學之道。而曰近道蓋道者。當行之路。知所先後。方是見得在面前而未行於道上。所以只曰近

古之欲明明德於天下者。先治其國。欲治其國者。先齊其家。欲齊其家者。先脩其身。欲脩其身者。先正其心。欲正其心者。先誠其意。欲誠其意者。先致其知。致知在格物。治平聲後倣此

明明德於天下者，使天下之人皆有以明其明德也。新安吳氏曰。由此推之，則治國是欲明明德於一國，齊家是欲明明德於一家也。○新安陳氏曰。本當云欲平天下者先治其國。今乃以明明德於天下言之，蓋以明德乃人己所同得，明明德者明己之明德，體也；明明德於天下者，新天下之民使之皆明其明德，如此則天下無不平矣，用也。一言可以該大學之體用，可見明明德又爲綱領中之綱領也。○東陽許氏曰。不曰欲平天下先治其國，而曰明明德者，是要見新民是明德中事，又見新民不過使人各明其德而已。心者，身之所主也。誠，實也。意者，心之所發也。實其心之所發，欲其必自慊而無自欺也。雲峯胡氏曰。中庸言誠身，是兼誠意、正心、脩身而言，謂身之所爲者實。此但言誠意，意是欲心之所發者實。章句所發二字，凡兩言之，因其所發而遂明之者，性發而爲情也，實其心之所發者，心發而爲意也。朱子嘗曰。情是發出恁地，意是主張要恁地。情如舟車，意如人使那舟車一般。然則性發爲情，其初無有不善，即當加夫明之之功，是體統說。

心發而爲意。使有善有不善。不可不加夫誠之之功。是從念頭說○新安陳氏曰。諸本皆作欲其一於善而無自欺也。惟祝氏附錄本。文公適孫鑑書其卷端云。四書元本。則以鑑向得先公晚年絕筆所更定。而刊之興國者爲據。此本獨作必自慊而無自欺。可見絕筆所更定乃改此三字也。按文公年譜。謂慶元庚申四月辛酉。公改誠意章句。甲子公易簀。今觀誠意章則祝本與諸本無一字殊。惟此處有三字異。是所改正在此耳。一於善之云。固亦有味。但必惡惡如惡惡臭。好善如好好色。方自快足於己。如好仁必惡不仁。方爲眞切。若曰一於善包涵不二於惡之意。似是歇後語。語意欠渾成的當。不若必自慊對無自欺。只以傳語釋經語。痛快該備。跌撲不破也。況語錄有云。誠與不誠。自慊與自欺。只爭毫釐之間。自慊則一。自欺則二。自慊正與自欺相對。誠意章只在兩箇自字上用功。觀朱子此語。則可見矣

致推極也。推之以至極處知猶識也。推極吾之知識。欲其所知無不盡也。格至也。物猶事也。窮至事物之理。欲其極處無不到也。此八者大學之條目

也

朱子曰六箇欲與先字謂欲如此必先如此是言工夫節次若致知則便在格物上欲與先字差慢在字又緊得些子○致知誠意是學者兩箇關致知乃夢與覺之關誠意乃善與惡之關透得致知之關則覺不然則夢透得誠意之關則善不然則惡○格物是夢覺關誠意是人鬼關過得此二關上面工夫一節易如一節了至治國平天下地步愈闊但須照顧得到○格物是零細說致知是全體說○格物致知於物上窮得一分之理則我之知亦知得一分物理窮得愈多則我之知愈廣其實只是一理纔明彼即曉此○格物十事格得九事通透一事未通透不妨一事只格得九分一分不通透最不可須窮盡到十分處○因其所已知推之至於無所不知○人多把這道理作一箇懸空底物大學不說窮理只說格物便是要人就事物上理會如此方見得實體如作舟行水作車行陸今試以衆力共推一舟於陸必不能行方見得舟不可以行陸也此之謂實體○格物窮理有一物便有一理窮得到後遇事觸物皆撞著這道理事君便遇忠事親便遇孝居處便恭執事便敬與人便忠以至參前倚衡無往而不見這箇道理若窮不至則所見不真外面雖爲善而內實爲惡○

問物者理之所在。人所必有而不能無者。何者爲切。曰。君臣。父子。兄弟。夫婦。朋友。皆人所不能無者。但學者須要窮格得盡。事父母則當盡其孝。處兄弟則當盡其友。如此之類。須是要見得盡。若有一毫不盡。便是窮格不至也。○物。謂事物也。須窮極事物之理到盡處。便有一箇是。一箇非。凡自家身心上。皆須體驗得一箇是非。若講論文字。應接事物。各各體驗。漸漸推廣。地步自然寬闊。如曾子三省。只管如此體驗去。○致知格物只是一事。非是今日格物。明日又致知。格物以理言也。致知以心言也。○致知格物。是窮此理。誠意正心脩身。是體此理。齊家治國平天下。是推此理。要做三節看。○於格物致知誠意正心脩身之際。要常見一箇明德隱然流行於五者之間。方分明。○自格物至平天下。聖人亦是畧分箇先後與人看。不成做一件淨盡無餘。方做一件。如此。何時做得成。○明明德於天下以上皆有等級。到致知格物處便親切。故不曰致知者先格其物。只曰致知在格物也。○北溪陳氏曰。心以全體言。意是就全體上發起一念慮處言。格物必如吾身親至那地頭見得親切。方是格。○玉溪盧氏曰。八者以心爲主。自天下而約之以至於身。無不統於一心。自意而推之以至於萬事萬物。無不管於一心。曰格曰致曰誠。皆正心上工夫。曰脩曰齊曰治曰平。皆自正心中流出。○雲峯胡氏曰。孟子盡心章集註。心者人之神明。具衆理而應萬事。即章句所謂虛靈不昧。以具衆理而應萬事。此章或問又曰知者心之神明。所以妙衆理而宰萬物。其釋知字與釋明德相應。蓋此心本具衆理。而妙之則在知。此心能應萬事。而宰之亦在知。具者其體之立。有以妙之則其用行。應者用之行。有以宰之則其體立。明德中自具全體大用。致知云者。欲其知之至。而全體大用無不明也。大學前分事與物言。若事自事。物自物。此獨言物。物猶事也。有一事必有一理。理本非空虛無用之物。大學教人即事以窮理。亦惟恐人爲空虛無用之學。所以章句釋明德。則兼理與事。釋至善亦曰事理。釋格物亦曰窮至事物之理。心外無理。理外無事。即事以窮理。明明德第一工夫也。致知在格物。此在字又與章首三在字相應。大學綱領所在。莫先於在明明德。而明明德工夫所在。又莫先於在格物。○新安陳氏曰。大學八條目。格物爲知之始。致知爲知之極。誠意爲行之始。正心脩身爲行之極。齊家爲推行之始。治國平天下爲推行之極。不知則不能行。既知又不可不行。誠正脩行之身也。齊治平。

行之家國與天下也。知行者推行之本，推行其知行之驗歟。

物格而后知至，知至而后意誠，意誠而后心正，心正而后身脩，身脩而后家齊，家齊而后國治，國治而后天下平。治去聲，後倣此。

物格者，物理之極處無不到也。知至者，吾心之所知無不盡也。知既盡，則意可得而實矣；意既實，則心可得而正矣。勿軒熊氏曰：知字就心之知覺不昧上說，意字是就心之念慮方萌處說。○雲峯胡氏曰：章句可得二字，蓋謂知此理既盡，然後意可得而實，非謂知已至則不必加誠意之功也；意既誠，則心之用可得而正，非謂意已誠則不必加正心之功也。然不曰知既盡然後實其意，意既實而後正其心者，蓋知行二者貴於並進，但畧分先後，非必了一節無餘，然後又了一節，是當會於言意之表也。

脩身以上，上聲。明明

德之事也。齊家以下新民之事也。此四句包括上一節物格知至則知所止矣。意誠以下則皆得所止之序也。新安陳氏曰。意誠心正身脩明明德所以得止至善之次序。家齊國治天下平。新民所以得止至善之次序也。皆之一字包明明德新民而言。此四句包括此一節也。是二節可見三綱之統八目。而八目之隷三綱矣。○朱子曰。致知者。理在物而推吾之知以知之也。知至者。理雖在物而吾心之知已得其極也。○問物未格時意亦當誠。曰。固然。豈可說物未格意便不用誠。但知未至時雖欲誠意其道無由。如人夜行雖知路從此去但黑暗行不得所以要致知。知至則道理明白坦然行之。今人知未至者也知道善當好惡當惡。然臨事不能如此者只是實未曾見得。若實見得則行處無差。○問物格知至。曰。格物時方是區處理會到得知至時。却已自有箇主宰會去分別取舍。初間或只見得表不見得裏。只見得粗不見得精。到知至時方知得到。能知得到方會意誠。可者必爲。不可者決不肯爲。到心正則胸中無些子私蔽。洞然光明正大。截然有主而不亂。此身便脩。家便齊。國便治。而天下可平○知至。謂天下事物之理知無不到之謂。若知一而不知二。知夫而不知細。知高遠而不知幽深。皆非知之至也。須要無所不知。乃爲至耳○物格知至。是一截事。意誠心正身脩是一截事。家齊國治天下平。又是一截事。自知至交誠意。又是一箇過接關子。自脩身交齊家又是一箇過接關子○知至意誠。是凡聖界分。未過此關。雖有小善。猶是黑中之白。已過此關。雖有小過。亦是白中之黑○意誠後推盪得查滓伶俐。心盡是義理。意是指發處。心是指體言。意是動。心該動靜。身對心言則心正是内。能知此。身脩是外。若不各自做一節工夫。不成說我意已誠矣。心將自正。恐懼哀樂引將去。又却邪了。不成說心正矣。身不用管。外面更不顧。而心與迹有異矣。須是無所不用其功○到正心時節。已好了。只是就好裏面又有許多偏。如水已淘去濁。十分清了。又怕於清裏面有波浪動盪處○意未誠時。如人犯私罪。意既誠而心猶動。如人犯公罪。亦有間矣○如物格而後知至。至心正而後身脩。著而字。則是先爲此而後能爲彼也。蓋即物而極致其理矣。而後吾之所知無不至。吾知無不至矣。而後見善明。察惡盡。不容有所自欺。而意意無不誠矣。而後念慮隱微慊快充足。而心正。心得其誠。

本然之正矣。而後身有所主而可得而脩。○雙峯饒氏曰。上一節就八目逆推工夫。後一節就八目順推功效。○玉溪盧氏曰。物格。則理之散在萬物而同出於一原者無不明矣。知至。則理之會在吾心而管乎萬物者無不明矣。此明明德之端也。意誠。則明德之所發無不明矣。心正。則明德之所存無不明矣。意誠心正而身脩。此明明德之實也。家齊。則明德明於一家矣。國治。則明德明於一國矣。天下平。則明德明於天下矣。齊字有整然肅然之意。父父子子兄兄弟弟夫夫婦婦。無一不正之謂也。國者家之推。家親而國疏。故曰治。天下者國之推。國小而天下大。故曰平。所以齊之治之平之。一而已矣。物格至身脩。則明德明而新民之體立。家齊至天下平。則民新而明明德之用行。物格知至。則知止之事。意誠則意得所止。心正身脩。則心身得所止。是明明德得所止之序也。家齊國治天下平。則家國天下各得所止。是新民得所止之序也。自物格以至心正。斂之不外乎方寸。自心正以至天下平。充之彌滿乎六合。八者之條目收來放去。惟一心耳。○東陽許氏曰。凡言必先而后。固是謂欲如此必先如此。既如此了然後如此。然而致知力行。並行不悖。若曰必格盡天下之物然後謂之知至。

心知無有不明，然後可以誠意。則或者終身無可行之日矣。聖賢之意，蓋以一物之格，便是吾之心知於此一理爲至。及應此事，便當誠其意、正其心、脩其身也。須一條一節逐旋理會，他日揍合將來，遂全其知而足應天下之事矣。

自天子以至於庶人，壹是皆以脩身爲本。

壹是，一切也。漢書平帝紀一切，顔師古註云：猶以刀切物，取其齊整。正心以上，皆所以脩身也。齊家以下，則舉此而措之耳。勉齋黄氏曰：天子、庶人，貴賤不同，然均之爲人，則不可以不脩身。誠意正心，所以脩身；治國平天下，亦自齊家而推之。○雙峯饒氏曰：此一段是於八者之中揭出一箇總要處。蓋天下之本在國，國之本在家，家之本在身，是皆當以脩身爲本。前兩段是詳說之，此一段是反說約也。○新安陳氏曰：此字指脩身言。天子、諸侯、卿、大夫、士、庶人，一切皆以脩身爲本，而齊家以下之效不期而必至矣。單提脩身，而上包正心、誠意、致知、格物之工夫，下包齊家、治國、平天下之

效驗皆在其中矣

其本亂而末治者否矣。其所厚者薄，而其所薄者厚，未之有也。

本，謂身也。接上文本字。末，謂天下國家。所厚，謂家也。三山陳氏曰：國天下本非所薄，自家視之則爲薄也。○新安陳氏曰：以家與國天下分厚薄。此兩節結上文兩節之意。雙峯饒氏曰：上一節與此節上一句，是教人以脩身爲要；下句是教人以齊家爲要。周子曰：治天下有本，身之謂也；治天下有則，家之謂也。得此意矣。○雲峯胡氏曰：以朱子之言推之，經一章中綱領第一節三句說工夫，第二節五句說功效。條目第一節六箇先字是逆推工夫，第二節七箇后字是順推功效。至此兩節，前節則於工夫中拈出脩身正結，後節則於功效中拈出身與家反結也。○新安陳氏曰：此兩節結八目。前於家言齊，正倫理也；此於家言所厚，篤恩義也。亦如書所謂惇叙九族，叙即齊之意，惇即厚之意歟。

右經一章。蓋孔子之言而曾子述之。凡二百五字。其傳去聲十章則曾子之意而門人記之也。蓋字疑辭。則字決辭。舊本頗有錯簡。今因程子所定而更考經文。別必列反為序次如左。凡一千五百四十六字

凡傳文雜引經傳。若無統紀。然文理接續。血脈貫通。深淺始終。至爲精密。熟讀詳味。久當見之。今不盡釋也。新安陳氏曰。傳十章朱子有不盡釋處。然其不可不知者。未嘗不釋也。學者於其所釋者熟讀精思。則其不盡釋者自當得之矣

康誥曰。克明德

康誥。周書。克。能也。朱子曰。此克字雖訓能。然比能字有力。見人皆有是明德而不能明。惟文

王能明之。克只是眞箇會底意。○西山眞氏曰。要切處在克之一字。○新安陳氏曰。康誥本文云。克明德愼罰。此只取上三字。下文引太甲顧諟天之明命。亦去先王字。皆引經之活法。○東陽許氏曰。康誥者周武王封弟康叔於衛而告之之書。克明德。言文王之能明其德也。引之解明德。克字有力。明字即上明字。德字包明德字

大甲曰。顧諟天之明命。大讀作泰　諟古是字

大甲商書。顧謂常目在之也。朱子曰。常目在之。古註語極好。如一物在此。惟恐人偷去兩眼常常覻在此相似諟猶此也。從古是字之說或曰審也。廣韻註也。今不必從天之明命。即天之所以與我。而我之所以爲德者也。常目在之。則無時不明矣。朱子曰。上下文都說明德。這裏却說明命。蓋天之所以與我便是明命。我所得以爲性者便是明德。命與德皆以明言是這箇物本自光明。我自昏蔽了他。○顧諟者。只是長存此心。知得有這道理光明不昧。方其未接物。此理固湛然清明。及其遇事應接。此理亦隨處發見。只要常提

撕省察念念不忘存養久之則道理愈明雖欲忘之而不可得矣○只是見得道理長在目前不被事物遮障了不成是有一物可見其形象○雙峯饒氏曰靜存動察皆是顧其靜也聽於無聲視於無形戒謹不睹恐懼不聞其動也即物觀理隨事度宜於事親見其當孝於事兄見其當弟此之謂常目在之○玉溪盧氏曰天之明命即明德之本原自我之得乎天者言曰明德自天之與我者言曰明命名雖異而理則一日用動靜語默之間孰非明德之發見亦孰非明命之流行日用動靜語默之間孰非顧諟明命之所亦孰非明明德之所○新安吳氏曰言德則命在其中故釋明德曰人之所得乎天言命則德在其中故釋明命曰天之所以與我而我之所以爲德○新安陳氏曰傳引康誥帝典之克明皆釋上一明字乃明之之明而明德之本體則未嘗說破惟以顧諟天之明命言之蓋明命即明德之本原顧諟即明之之工夫也貫天命已德而一之或問謂天未始不爲人人未始不爲天可謂精矣子思言天命之謂性其亦祖述此意也歟○東陽許氏曰顧諟動靜皆顧一息之頃一事之毫末放過便不是顧天之明命雖是就付與我處言然此明命即是萬物之理在裏面故於

應事處才有照管不到便損了此明命

帝典曰克明峻德峻書作俊

帝典堯典虞書峻大也新安陳氏曰明德以此德本體之明言峻德以此德全體之大言一也德之全體本無限量克明之是盡己之性通貫明徹無有不明處而全體皆明也

皆自明也

結所引書皆言自明己德之意雙峯饒氏曰引三書先後不倫取其辭意不以人代之先後拘後凡引詩書皆當以此例之○玉溪盧氏曰自明是爲仁由己而由人乎哉之意明者是自明皆亦是自昏玩一自字使人警省要而言之克明德是自明之始事克明峻德是自明之終事顧諟明命之句在中間是自明工夫此章雜引三書而斷以一言其文理血脈之精密如此○東陽許氏曰第一節平說明明德第二節是明之之功學者全當法此而用功第三節言明其德以至於大此明明德之極功皆自明也雖結

上文。自字有力。明德須是自去明之方可○臨川吳氏曰。此章康誥言文王之獨能明其明德。以明人當求所以克明明其德。發明明德之端也。太甲承上文言欲求所以克明其德者。必常目在乎天所以與我之明德。示明明德之方也。帝典承上文言能常目在夫天所以與我之明德而明之。則是能如堯之克明其大德矣。著明明德之效也。而又結之曰此皆自明之事也。蓋自明者。所以自新使民皆有以明其明德者。所以新民。然欲使民皆有以明其明德而新民。必先有以自明而自新。故以自明二字結上文明德之傳。而起下章盤銘自新之意也

右傳之首章釋明明德

此通下三章至止於信舊本誤在沒世不忘之下

湯之盤銘曰。苟日新。日日新。又日新

盤。沐浴之盤也。新定邵氏曰。日日盥頮。人所同也。日日沐浴。恐未必然。内則篇記子事父母不

過五日燀湯請浴。三日具沐而已。斯銘也。其殆刻之盥頮之盤歟。○雲峯胡氏曰。沐浴之盤本孔註。邵說雖無關於日新大旨。然於盤字或有小補云**銘名其器以自警之辭也。苟誠也。**論語苟志於仁。苟亦訓誠**湯以人之洗濯其心以去**上聲下同**惡如沐浴其身以去垢。故銘其盤。言誠能一日有以滌其舊染之汚而自新。則當因其已新者而日日新之。又日新之。不可略有間**去聲**斷**徒玩反**也。**問盤銘見於何書。朱子曰。只見於大學。緊要在一苟字。首句是爲學入頭處。誠能日新則下兩句工夫方能接續做去。今學者却不去苟字上著工夫。○苟日新新是對舊染之汚而言。日日新。又日新。只是要常常如此無間斷也。○西山眞氏曰。身有垢。皆知沐浴以去之。心者神明之舍。乃甘爲私欲所汚。是以形體爲重。心性爲輕也。豈不謬哉。○雙峯饒氏曰。所新雖在民。作而新之之機實在我。故自新爲新民之本。我之自新有息。則彼之作新亦息矣。所以釋新民。先言自新。相關之機蓋如此。○

雲峯胡氏曰。盤銘三句。苟字是志意誠確於其始。又字是工夫接續於其終。○新安陳氏曰。德日新之緼。自仲虺發之。湯采之爲此銘。伊尹又本之以告太甲曰。惟新厥德。終始惟一。時乃日新。說者謂孟子所言萊朱即仲虺。與斯道之傳者也。明明德爲體。新民爲用。體用元不相離。故於平天下以明明德於天下爲言。由體而達於用。同一明也。於新民之端以日新又新爲言。因用而原其體。同一新也。移明己德之明字以言明民德。又移新民之新字以言新己德。體用之不相離可見矣

康誥曰。作新民

鼓之舞之之謂作。言振起其自新之民也。朱子曰。鼓之舞之。如擊鼓然。自然能使人跳舞踴躍。上之人之於民。時時提撕警發之。則下之觀瞻感化。各自有以興起同然之善心。而不能自已耳。○陳氏曰。自新之民已能改過遷善。又從而鼓舞振作之。使之亹亹不能自已。是作其自新之民也。此正新民用工夫處。○雲峯胡氏曰。前言顧諟是時時提撕警覺其在我者。此所謂作是時時提撕警覺其

在民者也。○新安倪氏曰：易繫辭云「鼓之舞之以盡神」，摘此四字以釋「作」字。振起之，即孟子稱堯「勞來匡直輔翼，使自得之，又從而振德之」之意。○東陽許氏曰：第二節章句以新民爲自新之民，蓋民心皆有此善，才善心發見，便是自新之機，因其欲新而鼓舞之。「作」字是前「新」字意。

詩曰：「周雖舊邦，其命維新。」

詩大雅文王之篇。言周國雖舊，至於文王，能新其德以及於民，此是推本說。而始受天命也。始字貼新字。○朱子曰：是新民之極，和天命也新。○北溪陳氏曰：三節有次第，盤銘言新民之本，康誥言新民之事，文王詩言新民成效之極。○雙峯饒氏曰：明命是初頭稟受底，以理言；命新是末稍稟受底，以位言。要之只是一箇，天下無性外之物。○東陽許氏曰：第三節言文王明明德而及於民，政教日新，初受天命。

是故君子無所不用其極。

自新新民。皆欲止於至善也。朱子曰。明明德便要如湯之日新。新民便要如文王之周雖舊邦其命維新。各求止於至善之地而後已也。○玉溪盧氏曰。前言止至善。此言用其極。二義互相發。止則不紛紛擾擾矣。用則非槁木死灰矣。○雲峯胡氏曰。上章釋明明德。故此章之首曰日新又新。所以承上章之意。下章釋止於至善。故此章之末曰無所不用其極。又所以開下章之端。文理接續。血脈貫通。此亦可見。○臨川吳氏曰。此章盤銘。承上章言自明者所以自新。而欲新民者必先自新。是發新民之端也。康誥承上文言自新既至。則可推以作興自新之民。示新民之方也。文王詩承上文言既能自新而推以新民。則民德皆新。而天命亦新。著新民之效也。盤銘言自新。康誥言新民。文王詩自新新民之極也。極即至善之云也。用其極者。求其止於是之謂也。故以用其極結上文自新新民之義。而起下章所止之說也。

右傳之二章。釋新民。東陽許氏曰。此章釋新民。而章内五新字皆非新民之新。盤銘以自新言。康誥以民之自新言。詩以天命之新言。然新民之意却只於中可見

詩云邦畿千里惟民所止

詩商頌玄鳥之篇邦畿王者之都也止居也言物各有所當止之處也新安陳氏曰引詩謂邦畿爲民所止之處以比事物各有所當止之處且泛說止字○東陽許氏曰王者所居地方千里謂之王畿居天下之中四方之人環視內向皆欲歸止於其地猶事有至善之理人當止之也

詩云緡蠻黃鳥止于丘隅子曰於止知其所止可以人而不如鳥乎緡詩作綿

詩小雅緡蠻之篇緡蠻鳥聲丘隅岑鋤林反蔚紆弗反之處岑蔚二字本古註○北溪陳氏曰土高曰丘隅謂丘之一角峻處山岑高而木森蔚所謂林茂鳥知歸也子曰以下孔子說詩之辭言人當知所當止之處也雲峯胡氏

曰。此傳不特釋止至善，并知止至能得皆釋之。故首引孔子之言曰知其所止，而章句於下文亦以知其所止與所以得止至善之由言之。○新安陳氏曰。此比人當知所止，重在知字

詩云。穆穆文王，於緝熙敬止。爲人君止於仁。爲人臣止於敬。爲人子止於孝。爲人父止於慈。與國人交止於信。於緝之於，音烏。

詩文王之篇。穆穆，深遠之意。以德容言。於，歎美辭。緝，繼續也。熙，光明也。緝，不容已之誠也。熙，不容掩之明也。敬止，言其無不敬而安所止也。朱子曰。緝熙是工夫。敬止是功效。○西山眞氏曰。敬止之敬，舉全體言，無不敬之敬也。爲人臣止於敬，專指敬君言，敬之一事也。文王之敬，包得仁敬孝慈信。○新安陳氏曰。安字見文王安行之氣象，非勉焉用力之。引此而言聖人之止，無非至善。五者乃其目之大

者也。學者於此究其精微之蘊。委粉於問二反而又推類以盡其餘。則於天下之事皆有以知其所止而無疑矣。朱子曰。爲人君止於仁。仁亦有幾多般。須隨處看。這一事合當如此是仁。那一事又合當如彼是仁。爲人臣止於敬。敬亦有多少般。不可止道一擎跽曲拳是敬。如陳善閉邪納君無過皆是敬。若止執一便偏了。安得謂之至善。○節齋蔡氏曰。緝熙敬止者。所以爲止至善之本。仁敬孝慈信。所以爲止至善之目。○西山眞氏曰。理之淺近處易見。而精微處難知。若只得其皮膚。便以未善爲已善。須窮究至精微處。推類者。此說君臣父子而已。夫婦則止於有別。長幼則止於有序。廣而推之。萬事萬物莫不各有當止處也。○雲峯胡氏曰。仁敬孝慈信五者。人所當止莫大於此。故當於此五者之中究其精微之蘊。人所當止不盡於此。故又當於五者之外推類以盡其餘。○新安陳氏曰。學者於此以下。乃朱子推廣傳文言外之意。

詩云。瞻彼淇澳。菉竹猗猗。有斐君子。如切如磋。如琢如磨。

瑟兮僩兮。赫兮喧兮。有斐君子。終不可諠兮。如切如磋者。道學也。如琢如磨者。自脩也。瑟兮僩兮者。恂慄也。赫兮喧兮者。威儀也。有斐君子。終不可諠兮者。道盛德至善。民之不能忘也。澳於六反。菉詩作綠。猗叶韻音阿。僩下版反。喧詩作咺。諠詩作諼。並况晚反。恂鄭氏讀作峻。

詩衛風淇澳之篇。淇水名。澳隈烏回反也。猗猗美盛貌。興去聲也。新安陳氏曰。此於詩之六義屬興。借淇竹起興以美衛武公有文之君子也。斐文貌。雙峯饒氏曰。有斐是說做成君子之人。所以斐然有文者。其初自切磋琢磨中來也。切以刀鋸。居御反。琢以椎直追反鑿。皆裁物使成形質也。磋以鑢音慮鐋他浪反。磨以沙石。皆治物使其滑澤也。治骨角者。既切而復扶又反。下同磋之。治玉石者。既琢而復磨之。皆言其治之有緒

而益致其精也。切與琢是治之有端緒。磋與磨是益致其精細。瑟嚴密之貌。僩
武毅之貌。嚴密不麤疎也。武毅不怠弛也。○東陽許氏曰。嚴密是嚴厲縝密。武毅是剛武彊毅。以恂
慄釋瑟僩。而朱子謂恂慄者嚴敬存乎中。金仁山謂所守者嚴密。所養者剛毅。嚴密是不麤疎。武毅是不頹惰。
以此展轉體認。則瑟僩之義可見。赫喧宣著盛大之貌。雙峯饒氏曰。宣著釋赫字。盛大
釋喧字。諠忘也。道言也。學謂講習討論之事。自脩者省星上
聲察克治之功。新安陳氏曰。學所以致知。知視行為易。故以切磋比之。治骨角猶易於治玉石
也。自脩所以力行。行視知為難。故以琢磨比之。治玉石則難於治骨角矣。恂慄戰懼也。戰懼之意
嚴於中。威可畏也。儀可象也。西山真氏曰。威者正衣冠尊瞻視。儼然人望而畏之。非徒
事嚴猛而已。儀者動容周旋中禮。非徒事容飾而已。○蛟峯方氏曰。瑟是工夫細密。僩是工夫強毅。恂慄是兢
兢業業。惟其兢業戒懼。所以工夫精密而強毅。○新安陳氏曰。有威而可畏謂之威。有儀而可象謂之儀。本左

傳語。威儀之美形於外

引詩而釋之。以明此明字謂發明明明德者之止於至善。道學自脩。言其所以得之之由。恂慄威儀。言其德容表裏之盛恂慄在裏。德也。威儀見於表。容也卒乃指其實謂盛德至善而歎美之也朱子曰。切而不磋。未到至善處。琢而不磨。亦未到至善處。瑟兮僩兮。則誠敬存於中矣。未至於赫兮喧兮。威儀輝光著見於外。亦未爲至善。至於民之不能忘。若非十分至善。何以使民久而不能忘。○玉溪盧氏曰。切磋則知至善之所止。琢磨則得至善之所止。恂慄見至善之德脩於中。威儀見至善之容著於外。德容表裏之盛。一至善耳。卒指至善之實。非盛德之外有至善。亦非明德之外有盛德也。○新安吳氏曰。理在事物則爲至善。身體此理而有所得則爲盛德。如君之至善是仁。能極其仁。即君之盛德也。明德是得於稟賦之初者。盛德是得於踐履之後者。亦只一理而已。○新安陳氏曰。此章釋止至善。亦有釋知止能得之意。於止知其所止。知止也。引淇澳而釋之。學與自脩。言明明德所以得止至善之由。恂慄威儀。盛德至善。指其得止至善之實民不能忘已開新民得止至善之端下文方極言之耳章句所以得之之得字正與經文能得之得字相照應○東陽許氏曰此節工夫全在切磋琢磨四字上章句謂治之有緒而益致其精治之有緒謂先切琢而後可以磋磨循序而進工夫不亂益致其精謂既切琢而又須磋磨求其極至工夫不輟切磋以喻學是就知上說止至善講習討論窮究事物之理自淺以至深自表以至裏直究至其極處琢磨是就行上說止至善謂脩行者省察克治至於私欲淨盡天理流行直行至是處瑟兮僩兮謂恂慄是德存於中者完赫兮喧兮謂威儀是德見於外者著

詩云於戲前王不忘君子賢其賢而親其親小人樂其樂而利其利此以沒世不忘也於戲音嗚呼樂音洛

詩周頌烈文篇於戲歎辭前王謂文武也君子謂其後賢後王小人謂後民也此言前王所以新民者止於至

善能使天下後世無一物不得其所。所以既沒世而人
思慕之愈久而不忘也 朱子曰。沒世而人不能忘。如堯舜文武之德。萬世尊仰之。豈不
是賢其賢。如周后稷之德。子孫宗之以爲先祖之所自
出。豈不是親其親。○玉溪盧氏曰。此兩節相表裏。上節
即此節之本原。此節即上節之效驗。然則新民之至善。
豈在明明德止至善之外哉。○仁山金氏曰。賢其賢者。
高山仰止。景行行止。崇其德也。親其親者。敬其所尊愛
其所親。象其賢也。樂其樂者。風清俗美。上安下順。樂其
遺化也。利其利者。分井受廛。安居樂業。沐其餘澤也。○
新安陳氏曰。後賢賢其賢。後王親其親。下賢親二字。指
前王之身。後民樂其樂而利其利。下樂利二字。指前王
之澤。傳文雖未嘗言新民止於至善之工夫事實。然就
親賢樂利上見得前王不特能使當世天下無一物不
得其所。而後世尚且如此。可見新民止於至善之效驗
矣
此兩節咏歎淫泆。其味深長。當熟玩之。記樂記。咏歎之。淫泆之○
雙峯饒氏曰。咏歎言其詞。淫泆言其
義。淫泆者。意味溢乎言詞之外也。

右傳之三章釋止於至善

雙峯饒氏曰明德新民兩章釋得甚畧此章所釋節目既詳工夫又備可見經首三句重在此一句上節目謂仁敬孝慈等工夫謂學與自脩○玉溪盧氏曰此章凡五節第一節言物各有所當止之處第二節言人當知所當止之處以知止之事而言也第三節言聖人之止無非至善以得其所止之事而言也第四節言明明德之止於至善乃至善之體所以立第五節言新民之止於至善乃至善之用所以行○雲峯胡氏曰此章釋明德新民之止於至善兼釋知止能得又兼釋八者條目其中學是致知格物之事自脩是誠意正心脩身之事親其親以至利其利是化及於家國天下○臨川吳氏曰此章綿蠻詩承上文物各有所止之意以明人當知所止之義而起下文實指人所當止者之說此蓋發止於至善之端也文王詩以下承上文大人當知所當止之義而實指人所當止之處淇澳切磋琢磨承上文實指人所當止之處而言求止於所當止者之由此蓋示止於至善之方也瑟僩以下言明明德得止於至善之極而發新民之端烈文詩以下承上文民不能忘之說而言新

民得止於至善之極。以著明明德之效。此蓋極言止於至善之效也

此章内自引淇澳詩以下舊本誤在誠意章下

子曰。聽訟吾猶人也。必也使無訟乎。無情者不得盡其辭。大畏民志。此謂知本

猶人。不異於人也。情。實也。引夫子之言而言聖人能使無實之人。不敢盡其虛誕之辭。蓋我之明德既明。此推本言之明明德為本乃傳者言外之意自然有以畏服民之心志。此即新民故訟不待聽而自無也。觀於此言可以知本末之先後矣。朱子曰。聖人說聽訟我也無異於人。當使其無訟之可聽方得。聖人固不會錯斷了事。只是他所以無訟者。却不在於善聽訟。在於意誠心正。自然有以薰炙漸染。大服民志。故自無訟之可聽耳。○使民無訟。在我之事。本也。此

所以聽訟爲末○無情者不得盡其辭使是說那無訟之由。然惟先有以服其心志。所以能使之不得盡其虛誕之辭○如成人有其兄死而不爲衰者。聞子皋將爲成宰。遂爲衰。子皋又何曾聽訟了致然。只是自有感動人處耳○雙峯饒氏曰。聽訟末也。使無訟理其本也。傳者舉輕以明重。然引而不發。知此則見明德新民之相爲本末矣。問無情。曰。情與僞對。情實也。僞不實也。論語曰。民莫敢不用情○玉溪盧氏曰。有訟可聽。非新民之至善。無訟可聽。方爲新民之至善。無訟則民新矣。使民無訟。惟明明德者能之。聽訟使無訟之本末先後。即明德新民之本末先後也。經文物有本末上有知止能得一節。前章釋止至善而知止能得之義已在其中。經文物有本末下有終始先後。又有脩身爲本及本亂末治者否矣。此言知本則不特終始先後之義在其中而爲本及本亂末治者否之意亦在其中矣○東陽許氏曰。本即明明德也。我之德既明。則自能服民志而不敢盡其無實之言。如虞芮爭田不敢履文王之庭。是文王之德大畏民志。自然無訟○臨川吳氏曰。上章烈文以新民之所止言之。而著明明德之效者。是能新民者皆本於明明德也。故此章言聖人能使民德自新。而無實之人不敢盡其虛誕之辭。自然有以畏服其心志。是以訟不待聽而自無者。蓋本於能明其明德也。故朱子曰。觀於此言。可以知本末之先後矣

右傳之四章釋本末

新安陳氏曰。此章釋本末。以結句四字知之。知本之當先。則自知末之當後矣

此章舊本誤在止於信下

此謂知本

程子曰。衍文也。衍延面反亦作羨

此謂知之至也

此句之上。別有闕文。此特其結語耳

右傳之五章蓋釋格物致知之義而今亡矣

此章舊本通下章。誤在經文之下

閒嘗竊取程子之意以補之曰。所謂致知在格物者。言欲致吾之知。在即物而窮其理也。即物。如即事即景。隨吾所接之事物也蓋人心之靈。莫不有知。而天下之物。莫不有理。惟於理有未窮。故其知有不盡也。是以大學始教。須看始教字。此是大學第一件下工夫處必使學者即凡天下之物。莫不因其已知之理。已知。即上文人心之靈莫不有知之知而益窮之。以求至乎其極。至於用力之久。而一旦豁然貫通焉。則衆物之表裏精粗無不到。而吾心之全體大用無不明矣。新安陳氏曰。久字與一旦字相應。用力積累多時。然後一朝脫然通透。吾心之全體。即釋明德章句所謂具衆理者。吾心之大用。即所謂應萬事者也。

此謂物格。此謂知之至也。

問所補第五章何不效其文體。朱子曰。亦嘗效而爲之。竟不能成。○大學不說窮理而謂之格物。只是使人就實處窮究。○格物只是就一物上窮盡一物之理。致知便只是窮得物理盡後我之知識亦無不盡處。○大學是聖門最初用功處。格物又是大學最初用功處。試考其說。就日用間如此作功夫。久之意思自別。○問經文物格而後知至。却是知至在後。今乃云因其已知而益窮之。則又在格物前。曰。知元自有。纔要去理會。便是這些知萌露。若懵然全不向著。便是知之端未曾通。纔思量著。便這箇骨子透出來。且如做些事錯。纔知道錯。便是向好門路。却不是方始去理會箇知。只是如今須著因其端而推致之。使四方八面千頭萬緒。無有些不知。無有毫髮窒礙。孟子所謂知皆擴而充之。若火之始然。泉之始達。擴而充之。便是致字意思。○表者人物所共由。裏者吾心所獨得。有人只就皮殼上用工。於理之所以然者全無見處。有人思慮向裏去。多於事物上都不理會。此乃說玄說妙之病。二者都是偏。若到物格知至。則表裏精粗無不盡。北溪陳氏曰。理之體具於吾心。而其用散在事物。精粗巨細。都要逐件窮究其理。若一事不理會。則此心闕一事之理。一物不理會。則闕一物之理。非揀精底理會而遺其粗。大底理會而遺其小也。頭緒雖多。然進亦有序。先易而後難。先近而後遠。先明而後幽。○西山眞氏曰。大學教人以格物致知。蓋即物而理在焉。庶幾學者有著實用功之地。不至馳心於虛無之境。若不就事物上推求義理。則極至處亦無緣知得盡。○雙峯饒氏曰。格物窮至那道理恰好閫奧處。自表而裏。自粗而精。然裏之中又有裏。精之中又有至精。透得一重。又有一重。且如爲子必孝。爲臣必忠。此是臣子分上顯然易見之理。所謂表也。然所以爲孝爲忠。則非一字所能盡。如居則致其敬。養致樂。病致憂。喪致哀。祭致嚴。皆是孝裏面節目。所謂裏也。然所謂居致敬。又如何而致敬。如進退周旋愼齊。升降出入揖遊。不敢噦噫嚏咳。不敢欠伸跛倚。寒不敢襲。癢不敢搔之類。皆是致敬中之節文。如此則居致敬又是表。其間節文之精微曲折又是裏也。然此特敬之見於外者耳。至於洞洞屬屬。如執玉奉盈。如弗勝。以至視於無形。聽於無聲。又是那節文裏面骨髓。須是格之又格，以至於無可格，方是極處。精粗亦然。如養親一也，而有所謂養口體，有所謂養志。口體雖是粗，然粗中亦有精。養志雖是精，然精中更有精。若見其表不窮其裏，見其粗不窮其精，固不盡。然但究其裏而遺其表，索其精而遺其粗，亦未盡。須是表裏精粗無所不到，方是物格。○玉溪盧氏曰：心外無理，故窮理即所以致知。理外無物，故格物即所以窮理。知者心之神明，乃萬理之統會，而萬事萬物之主宰。言窮理則易流於恍惚，言格物則一歸於眞實。表也，粗也，理之用也。裏也，精也，理之體也。衆理之體，即吾心之體。衆理之用，即吾心之用。心之全體大用無不明，則明明德之端在是矣。物格知至，雖二事而實一事，故結之曰此謂物格，此謂知之至也。

所謂誠其意者，毋自欺也。如惡惡臭，如好好色，此之謂自謙。故君子必慎其獨也。好惡上字皆去聲。謙讀爲慊，苦劫反。

誠其意者，自脩之首也。雙峯饒氏曰：心之正不正，身之脩不脩，只判於意之誠不誠。所以中庸孟子只說誠身便貫了誠意正心脩身此章雖專釋誠意而所以正心脩身之要實在於此故下二章第言心不正身不脩之病而不言所以治病之方以已具於此章故也○雲峯胡氏曰大學條目有八只作六傳格物致知二者實是一事故統作一傳自正心以下五者工夫次第相接故統作四傳唯誠意獨作一傳然誠意者自脩之首已兼正心脩身而言矣章末曰潤身曰心廣體胖出身與心二字意已可見○新安陳氏曰前章云如琢如磨者自脩也誠意正心脩身皆自脩之事而誠意居其始故曰自脩之首

毋者禁止之辭。自欺云者，知爲善以去上聲下同惡此知字帶從上章致知之知字來而心之所發有未實也。雲峯胡氏曰毋自欺三字釋誠意二字自字與意字相應欺字與誠字相反○新安陳氏曰自欺自謾也○東陽許氏曰誠意是致知以後事故章句曰知爲善以去惡而心之所發有未實也謙，快也，足也。朱子曰誠意章在兩箇自字上用功○新安陳氏曰謙字與慊字同音同義爲快字說不盡又添足字快而且足方是自謙

獨者人所不知而已所

獨知之地也。新安陳氏曰。地。即處也。此獨字指心所獨知而言。非指身所獨居而言。言欲自脩者。知爲善以去其惡。則當實用其力。而禁止其自欺。使其惡惡則如惡惡臭。好善則如好好色。皆務決去而求必得之。以自快足於己。不可徒苟且以徇外而爲去聲人也。不求自慊便是爲人然其實與不實。蓋有他人所不及知而己獨知之者。故必謹之於此此指獨字以審其幾平聲焉。新安陳氏曰。周子云。幾善惡。己所獨知。乃念頭初萌動。善惡誠僞所由分之幾微處。必審察於此。以實爲善去惡。如別岐途之始。分處起脚不差。行方能由乎正路。否則起脚處一差。差毫釐而繆千里矣。○朱子曰。幾者動之微。是欲動未動之間。便有善惡。便須就這處理會。若到發出處。更怎生奈何得。○問知至了。如何到誠意又說毋自欺。曰。到這裏方可著手下工夫。不是知至了。下面許多一齊掃去。下面節節有工夫在。○譬如一塊物。外面是銀。

裏面是鐵。便是自欺。須表裏如一。方是不自欺。須是見得分曉。如知烏喙不可食。水火不可蹈。則自不食不蹈。如寒。欲衣。饑欲食。則自是不能已。人果見善如饑欲食。寒欲衣。見惡如烏喙不可食。水火不可蹈。則此意自是實矣。烏喙。藥名。食之能殺人。○自欺是半知半不知底人。知道善我所當爲。却又不十分去爲善。知道惡不可爲。却又自家舍他不得。這便是自欺。不知不識。只喚做不知不識。不喚做自欺。新安陳氏曰。以上語以知爲重。見得物格知至爲意誠之根基也○纔說不自欺。則其好善惡惡只要求以自快自足。如寒而思衣以自温。饑而思食以自飽。非有牽强苟且姑以爲人之意也○如鑄私錢做官會。此是大故無狀小人。豈自欺之謂耶。此處工夫極細。未便說到粗處。前後學者說差了。緣連下文小人閒居一節看了。所以差也○如有九分義理。雜了一分私意。便是自欺。到得厭然揜著之時。又其甚者○十分爲善。有一分不好底意思潛發於其間。便由邪經以長。這箇却是實。前面善意却是虛矣○凡惡惡之不真。爲善之不勇。外然而中實不然。或有爲而爲之。或始勤而終怠。皆不實而自欺之患也○論自欺細處。且如爲善自家也知得是當爲。也勉强去做。只是心裏又有些便不消如此做也不妨底意思。如爲不善也知得不當爲而不爲。心中也又有些便爲也不妨底意思。便是自欺。便是虛僞不實矣。○自謙與孟子行有不慊於心相類。亦微不同。孟子訓滿足意多。大學訓快意多。問自謙只是眞實爲善去惡。無牽滯於已私。只是快底意方始心下滿足。曰是。○自謙是合下好惡時便是要自謙了。非謂做得善了方能自謙。自謙正與自欺相對。所謂誠其意便是要毋自欺。非是誠其意了方能不自欺也。自謙者外面如此。中心也是如此。表裏一般。自欺者外面如此。中心其實有些子不願。只此便是二心。誠僞之所由分也。○謹獨則於善惡之幾察之愈精愈密。○如與衆人對坐。自心中發一念或正或不正。此亦是獨處。○北溪陳氏曰。誠者自表而裏眞實如一之謂。自欺誠之反也。大抵此章在自慊而無自欺。首言如好好色惡惡臭。是就人情分曉處譬之。好色人所同好。好則求必得之。惡臭人所同惡。惡則求必去之。而後快足吾意。意所快足處。是自家表裏眞實恁地。非苟且徒爲此也。人之好善惡惡。亦須表裏眞實如此。自求快足。方是誠意。如稍有不眞實。胷次間便自覺有欠缺處。如何會快足。此便是自欺。果能自表而裏。斷斷然眞實恁地。始快足吾意此便是自謙便是誠然自謙自欺皆自家心裏事非他人所知而已獨知之所以君子貴就那獨處便謹審其幾之發也○徽庵程氏曰慎不但訓謹有審之意焉○問毋自欺還是須從戒謹恐懼上做起抑戒謹恐懼即是毋自欺境界潛室陳氏曰戒謹恐懼與謹獨是兩項地頭戒謹恐懼是自家不睹不聞之時存誠養性氣象如此謹獨是衆人不聞不覩之際存誠工夫如此中庸兼已發未發說故動息皆有養大學只就意之所發說故只防他罅漏處○雙峯饒氏曰此章用功之要在謹獨上凡人於顯然處致謹其意未必果出於誠若能於獨處致謹方是誠意○雲峯胡氏曰君子小人所以分只在自欺與自慊上兩自字與自脩之自相應自欺者誠之反自脩者不可如此自慊者誠之充自脩者必欲如此獨字便是自字便是意字所以中庸論誠首尾言慎獨此章論誠意亦兩言慎獨○東陽許氏曰誠意只是著實爲善著實去惡自欺是誠意之反毋自欺是誠意工夫二如是誠意之實自慊是自欺之反而誠意之效慎獨是誠意地頭○欺慊皆言自是意之誠不誠皆自爲之自欺者適害己不自慊者徒爲人○惡惡臭好好色人人皆實有此心非僞也二如字曉學者

當實爲善。去惡若惡惡臭好好色之爲也

小人閒居爲不善無所不至見君子而后厭然揜其不善而著其善。人之視己如見其肺肝然則何益矣此謂誠於中形於外故君子必愼其獨也閒音閑厭鄭氏讀爲黶於簡反

閒居。獨處上聲也。新安陳氏曰獨處是身所獨居與上文己所獨知之獨不同厭然消沮上聲閉藏之貌。雙峯饒氏曰黶字有黑暗遮閉之意○新安陳氏曰四字形容小人見君子羞愧遮障之情狀此言小人陰爲不善而陽欲揜之。閒居爲陰見君子爲陽則是非不知善之當爲與惡之當去上聲也。非不知乃其秉彝之天不可泯沒者但不能實用其力以至此耳。然欲揜其惡而卒不可揜欲詐爲善而卒不可詐則亦何益之有哉此君子

所以重去聲以爲戒而必謹其獨也朱子曰。小人閒居爲不善是誠心爲不善
也。揜其不善而著其善。是爲善不誠也。爲惡於隱微之
中而詐善於顯明之地。將虛假之善來蓋眞實之惡。自
欺以欺人也。然人豈可欺哉。○閒居爲不善便是惡惡
不如惡惡臭。揜不善著其善便是好善不如好好色。○
君子小人之分。却在誠其意處。誠於爲善便是君子。不誠
底便是小人。○雙峯饒氏曰。閒居爲不善自欺也。厭然
則不自慊矣。掩其不善而著其善。是又欺人也。自欺與
欺人常相因。始焉自欺。終焉必至於欺人。此謂誠於中
形於外。此誠字是兼善惡說。○厭然與心廣體胖爲對。
厭然是小人爲惡之驗。心廣體胖是君子爲善之驗。○
雲峯胡氏曰。前章未分君子小人。此章分別君子小人
甚嚴。蓋誠意爲善惡關。過得此關方是君子。過不得此
關猶是小人。傳末章長國家而務財用之小人。即此閒
居爲不善之小人也。意有不誠。已害自家心術。他日用
之。爲天下國家害也必矣。○玉溪盧氏曰。兩言愼獨。讀
上節固當直下承當。讀此節尤當痛自警省。○新安陳
氏曰。上一節毋自欺說得細密。乃自君子隱然心術之
微處言之。此一節言小人之欺人說得粗。乃自小人顯

然詐僞之著者言之。無上一節毋自欺而必自謙之工夫。則爲惡詐善之流弊其極必將至此。所以君子必先自愼其獨。至此又重以小人爲戒而尤必愼其獨

曾子曰。十目所視。十手所指。其嚴乎

引此以明上文之意。言雖幽獨之中。而其善惡之不可揜如此。可畏之甚也

朱子曰。此是承上文人之視己如見其肺肝之意。不可說人不知。人曉然共知如此。人雖不知。我已自知。自是甚可皇恐了。其與十目十手所視所指何異哉○玉溪盧氏曰。實理無隱顯之間。人所不知己所獨知之地。即十目十手所共視共指之地。故爲善於獨者。不求人知而人自知之。爲不善於獨者。惟恐人知而人必知之。其可畏之甚如此。曾子所以戰兢臨履。直至啓手足而後已者此也○雲峯胡氏曰。中庸所謂莫見乎隱。莫顯乎微。蓋本諸此。上文獨字。便是隱微。此所謂十目十手。即是莫見莫顯○新安陳氏曰。幽獨之中。勿謂無視之無指之者。當常如十目所共視。十手所共指。可畏之甚。釋其嚴乎

富潤屋，德潤身，心廣體胖，故君子必誠其意。胖，步丹反。

胖，安舒也。言富則能潤屋矣，德則能潤身矣。三山陳氏曰：財積於中，則屋潤於外；德積於中，則身亦潤於外矣。潤猶華澤也。○新安陳氏曰：此借富潤屋以起下句德潤身之意。德如孟子所謂仁義禮智根於心，潤身如所謂其生色見面盎背是也。下文心廣體胖，乃申言之。故心無愧怍，則廣大寬平，而體常舒泰，德之潤身者然也。蓋善之實於中而形於外者如此，故又言此以結之。朱子曰：富潤屋以下，是說意誠之驗如此。心本是闊大底物事，只因愧怍便卑狹，被他隔礙了，所以體不能得安舒。○毋自欺是誠意，自慊是意誠。○小人閒居以下，是形容自欺之情狀；心廣體胖，是形容自慊之意。○無愧怍是無物欲之蔽，所以能廣大。○三山陳氏曰：心，在內者也，以理之無歉，故能廣大；體，在外者也，以心之既廣，故能舒泰。人之一心少有所歉，則視聽怵迫而舉動跼蹐，雖吾四體將不得其所安矣，皆自然之應也。○上說小人實有是惡故其惡形見於外此說君子實有是善故其善亦形見於外○雙峯饒氏曰心不正何以能廣身不脩何以能胖心廣體胖卽心正身脩之驗所以能心廣體胖只在於誠其意以此見誠意爲正心脩身之要○玉溪盧氏曰前兩言必愼其獨此申言必誠其意三言必字示人可謂眞切○仁山金氏曰小人閒居以下自欺敗露之可畏德潤身心廣體胖自慊快足之可樂○雲峯胡氏曰孟子說浩氣處與此章意合不自欺卽自反而縮自欺卽自反而不縮厭然卽是氣餒心廣體胖卽是浩然之氣○新安陳氏曰上文誠於中形於外是惡之實中形外者此是善之實中形外者

右傳之六章釋誠意

朱子曰許多病痛都在誠意章一齊說了下面有些小病痛亦輕可此章最緊切若透過此一關此去做工夫便易了由是而之便駸駸進於善而決不至下陷於惡矣○雙峯饒氏曰傳之諸章釋八事每章皆連兩事而言獨此章單舉誠意蓋知至意誠固是相因然致知屬知誠意屬行知行畢竟是二事當各自用力不可謂知了便自然能行所以誠意章不連致知說者爲

此。正心誠意雖皆屬行。然誠意不特爲正心之要。自脩身至平天下。皆以此爲要。故程子論天德與王道。皆曰其要只在謹獨。天德即心正身脩之謂。王道即齊家治國平天下之謂。謹獨即誠意之要旨。若只連正心說。則其意促狹。無以見其功用之廣大如此也。此章乃大學一篇之緊要處。傳者於此章說得極痛切。始言謹獨誠意之方也。中言小人之意不誠。所以爲戒也。終言誠意之效驗。所以爲勸也。

經曰。欲誠其意先致其知。又曰。知至而后意誠。蓋心體之明有所未盡。則其所發必有不能實用其力而苟焉以自欺者。朱子曰。大學雖使人戒夫自欺。而推其本則必其有以用力於格物致知之地。然後理明心一而所發自然莫非眞實。不然。則正念方萌而私意隨起。亦非力之所能制矣。○若知有不至。則其不至之處。惡必藏焉。以爲自欺之主。雖欲致其謹獨之功。亦且無主之能爲。而無地之可據矣。此又傳文之所未發。而其理已具於經者。皆不可以不察也。○新安陳

氏曰。此言知不至。則意不誠。然或已明而不謹乎此。則其所明

又非己有而無以爲進德之基。三山陳氏曰。於知已至後。亦非聽之自誠。蓋無一刻不用其戒謹之功。○新安陳氏曰。此言知至後又不可不誠其意。蓋誠意者進德之基本也。故此章之指。必承上章而通考之。然後有以見其用力之始終。其序不可亂。而功不可闕如此云。玉溪盧氏曰。由致知方能誠意。此序之不可亂。既致知又不可不誠意。此功之不可闕。誠意至平天下。序皆不可亂。功皆不可闕。序不可亂。則不可躐等而進。功不可闕。則不可半途而廢云

所謂脩身在正其心者。身有所忿懥。則不得其正。有所恐懼。則不得其正。有所好樂。則不得其正。有所憂患。則不得其正。忿弗粉反。懥勑值反。好樂並去聲

程子曰身有之身當作心○忿懥怒也懥字廣韻玉篇並陟利反○雙
峯饒氏曰忿者怒之甚懥者怒之留蓋是四者皆心之用而人所不能無
者然一有之而不能察三山陳氏曰章句緊要說一察字亦非從外撰來蓋因下文心
不在焉一句發出察者察乎理也○新安陳氏曰察則之一字乃朱子推廣傳文之意使學者有下手處耳
欲動情勝而其用之所行或不能不失其正矣問有所忿懥恐懼好
樂憂患心不得其正是要無此數者心乃正乎程子曰非是謂無只是不以此動其心學者未到不動處須是
執持其志○朱子曰大學格物誠意都已鍊成到得正心脩身章都易了意有善惡之殊意或不誠則易於爲
惡心有偏正之異心有不正則爲物欲所動未免有偏處却未必爲惡○四者只要從無處發出不可先有在
心下須看有所二字如有所忿怒因人有罪而撻之纔了其心便平是不有若此心常常不平便是有○所謂
有所是被他爲主於內心反爲他動也○心纔繫於物便爲所動所以繫於物者有三事未來先有箇期待之

心。或事已應過，又留在心下不能忘。或正應事時，意有偏重，都是爲物所繫縛，便是有這箇物事。到別事來到面前，應之便差了。如何心得其正？聖人之心，瑩然虛明，看事物來若大若小、四方八面，莫不隨物隨應，此心元不曾有這物事。○如顏子不遷怒，可怒在物，顏子未嘗爲血氣所動而移於人也。則豈怒而心有不正哉？○今人多是才怒，雖有可喜事亦所不喜；才喜，雖有當怒之事來亦不復怒，便是蹉過事理了。蓋這物事纔私，便不去。只管在胸中推盪，終不消釋。使此心一如大虛，則應接萬務，各止其所，而我無所與，可也。看此一章，只是要人不可先有此心耳。○問：忿好自己事，可勉强不爲；憂患恐懼自外來，不由自家。曰：便是自外來，須要我有道理處之。事來亦合當憂懼，但只管累其本心，亦濟甚事？孔子畏於匡，文王囚羑里，死生在前，聖人元不動心，處之恬然。○或問：大學不要先有恐懼，中庸却要恐懼，何也？西山真氏曰：中庸只是未形之時常常持敬，令心不昏昧而已。大學之恐懼，却是俗語恐怖之類，自與中庸有異。○喜怒憂懼，乃心之用，非惟不能無，亦不可無，但平居無事之時，不要先有此四者在胸中。如平居先有四者，即是私意。人若有些私意塞在胸中，便是不得其正。

須是涵養此心。未應物時湛然虛靜。如鑑之明。如衡之平。到得應物之時方不差錯。當喜而喜。當怒而怒。當憂而憂。當懼而懼。恰好則止。更無過當。如此方得本心之正。○玉溪盧氏曰。心者身之主。而明德之所存也。未應物之前。寂然不動。無所忿懥恐懼。則心之本體無不正。而明德之本體無不明。方應物之際。感而遂通。當忿懥而忿懥。當恐懼而恐懼。則心之妙用無不正。而明德之妙用無不明。既應物之後。依舊寂然不動。未嘗有所忿懥恐懼。則心之本體終始無不正。而明德之本體終始無不明也。人患不識其本心耳。唯虛故靈。纔失其虛便失其靈。此心之所以爲心。而明德之所以爲明德也。○雲峯胡氏曰。心之體無不正。所謂正心者。正其心之用爾。在正其心。此正字是說正之之工夫。蓋謂心之用或有不正。不可不正之也。不得其正。此正字是說心之體本無不正。而人自失之者也。曰正其。曰其正。自分體用。心之體本如太虛。或景星慶雲。或烈風雷雨。而太虛自若。人之一心。豈能無喜怒憂懼。然可怒則怒。怒過不留。可喜則喜。喜已而休。喜怒憂懼。皆在物而不在我。我雖日接乎物。而不物於物。此所以能全其本體之虛而無不正也。或疑中庸首章先言存養而後言省察。大學誠意言省察而欠存養。殊不知此章正自有存養省察工夫。忿懥恐懼等之未發也。不可先有期待之心。其將發也。不可一有偏繫之心。其已發也。不可猶有留滯之心。事之方來。念之方萌。是省察時節。前念已過。後事未來。是存養時節。存養者。存此心本體之正。省察者。惟恐此心之用或失之不正而求以正之也。宜仔細看章句之二察字。及三四存字

心不在焉。視而不見。聽而不聞。食而不知其味。

心有不存。則無以檢其身。是以君子必察乎此而敬以直之。然後此心常存而身無不脩也。朱子曰。心若不存。一身便無主宰。○敬是常要此心在這裏。直是直上直下。無纖毫委曲○問視而不見。聽而不聞。只是說知覺之心。却不及義理之心。曰。才知覺。義理便在此。才昏便不見了○雙峯饒氏曰。四不得其正。言心不正也。視不見以下。言身不脩也。言此而不言所以正心脩身者。已具於誠意章故也。聲色臭味。事物之粗而易見者耳。心之精神知覺。一不

在此則於粗而易見者已不能見況義理之精者乎傳者之意蓋借粗以明精耳○蛟峯方氏曰上一節說有心者之病心不在焉一節說無心者之病上節說心不可有所偏主此節說心不可無所存主不可有者私主也不可無者主宰之主也心有存主則羣妄自然退聽而心正身脩矣然則中虛而有主宰者其正心之藥方也歟○新安陳氏曰朱子於此又下一察字且曰敬以直之以足大學本文未言之意提出正心之要法以示萬世學者

此謂脩身在正其心

右傳之七章釋正心脩身

此亦承上章以起下章蓋意誠則眞無惡而實有善矣所以能存是心以檢其身朱子曰意誠然後心得其正自有先後○新安陳氏曰此言意誠而後心可得而正蓋其序之不可亂者然或但知誠意

而不能密察此心之存否，則又無以直內而脩身也。

新安陳氏曰：此言誠意又不可不正其心，乃其功之不可缺者。○或謂意誠則心正。朱子曰：不然。這幾句連了又斷，斷了又連，雖若不相連綴，中間又自相貫。譬如一竿竹，雖只是一竿，然其間又有許多節。意未誠，則全體是私意，更理會甚正心？然意雖誠了，又不可不正其心。○或謂誠意則心之所發已無不實，又何假於正心之功？雲峯胡氏曰：意欲實而心本虛，實其意，則好惡不偏於方發之初；虛其心，則喜怒不留於已發之後。新安陳氏曰：下一句只說得末一邊，未見得四者心之用先本自虛中發出，當添一句云：虛其心則本體不偏於未發之先，妙用不留於已發之後。○東陽許氏曰：蓋意誠以下，言誠意然後能正心；然或以下，言既誠意又須正心。

自此以下並以舊文為正。

所謂齊其家在脩其身者，人之其所親愛而辟焉，之其所賤惡而辟焉之其所畏敬而辟焉之其所哀矜而辟焉之其所敖惰而辟焉故好而知其惡惡而知其美者天下鮮矣辟讀爲僻惡而之惡敖好並去聲鮮上聲

人謂衆人之猶於也辟猶偏也朱子曰古註辟音譬窒礙不通只是辟字便通況此篇自有僻字辟則爲天下僇是也五者在人本有當然之則然常人之情惟其所向而不加察焉新安陳氏曰此章朱子亦以察字言之與國本作察他本作審者非則必陷於一偏而身不脩矣西山眞氏曰偏之一字爲脩身齊家之深病○朱子曰正心脩身兩段大槩差錯處皆非在人欲上皆是人合有底事如在官街上差了路○忿懥等是心與物接時事親愛等是身與物接時事○之所親愛如父子當主於愛然父有不義不可以不爭子有不肖亦不可不知教之之所敬畏如君固當敬畏然若當正救責難也只管敬畏不得賤惡固可惡或尚可教

或有長處亦當知之。○問：敖惰恐非好事。曰：此如明鏡之懸，妍醜隨其來而應之，不成醜者至前亦喚做妍者。又敖惰是輕，賤惡是重，既賤惡得，如何却不得敖惰？然傳者猶戒其僻，則須檢點，不可有過當處。○哀矜，如有大姦方欲懲之，被他哀鳴懇告，又却寛之，這便是哀矜之偏處。○五者各自有當然之則，只不可偏。如人饑而食，只合當食，食纔過些子便是偏；渴而飲，飲纔過些子便是偏。如愛其人之善，若愛之過，則不知其惡，便是因其所重而陷於所偏。惡惡亦然。下面說人莫知其子之惡，莫知其苗之碩，上面許多偏病不除，必至於此。○北溪陳氏曰：敖只是簡於爲禮，惰只是懶於爲禮。有一等人，上非可愛，次非可敬，只是平平人，接之自令人簡慢。○問：人之其所親愛而辟焉一章，終未見身與物接意思。潛室陳氏只曰：接此五種人，便有此五種辟，豈不是身與物接？○玉溪盧氏曰：好而知其惡，是親愛之不偏；惡而知其美，是賤惡之不偏。二不偏，惟明德無不明者能之。所好且知其惡，則一家孰敢爲惡？所惡且知其美，則一家孰不爲善？如此則明德明於一家矣。○勿軒熊氏曰：親愛、畏敬、哀矜，指所愛之人言，有此三等；賤惡、敖惰，指所惡之人言，有此二等。偏於愛，則不知其人之惡；偏於惡則不知其人之善上下文相照應如此○雲峯胡氏曰或疑敖惰不當有殊不知本文人字非爲君子言乃爲衆人言章句曰衆人又曰常人是也衆人中固自有偏於敖惰之人如下文人莫知其子之惡苗之碩亦泛言多溺愛貪得之人也兩人字示戒深矣

故諺有之曰人莫知其子之惡莫知其苗之碩諺音彥碩叶韻時若反

諺俗語也溺愛者不明貪得者無厭是則偏之爲害而家之所以不齊也雙峯饒氏曰之其親愛等而辟者言身之不脩也莫知其子之惡言家之不齊也大意謂惟其溺於一偏故好不知其惡惡不知其美惟其身不脩故家不齊當看兩故字人之其所親愛而辟焉凡爲人者言莫知子之惡姑舉家之一端言之○玉溪盧氏曰子之惡苗之碩皆就家而言○雲峯胡氏曰心與物接唯怒最易發而難制所以前章以忿懥先之身與事接唯愛最易偏故此章以親愛先之至引諺曰只是說愛之偏處人情所易偏者愛爲尤甚況閨門之內義不勝恩情愛比昵之私尤所難克身所以

不脩。家所以不齊者。其深病皆在於此

此謂身不脩不可以齊其家

問如何脩脩身專指待人而言。朱子曰。脩身以後。大槩說向接物待人去。又與只說心處不同。要之根本之理則一。但一節說闊一節去。○錢氏曰。上章四箇有所字此章六箇辟字其實皆心之病。但上四者只是自身裏事。此六者却施於人。即處家之道也。○雙峯饒氏曰。身以心爲之主。而心以意爲之機。人所以之其親愛等而辟者。以其心之不正耳。心所以有忿懥等則不得其正者以其意之不誠耳。意苟誠矣。則忿懥等之必謹其獨而毋敢失其正。親愛等之必謹其獨而毋敢流於辟。是知誠意即正心脩身之要也。章句所以丁寧之以密察加察。即謹獨之謂也。有所忿懥等而能密察。是謹獨以正其心也。之其所親愛等而能加察。是謹獨以脩其身也。章句於二章察之一字凡四言之。省察之工夫豈非自誠意章之謹獨而發哉。不特正心脩身章爲然也。由是而齊家治國平天下。無往不自謹獨出焉。傳於釋齊家治國章曰心誠求之。釋平天下章曰忠信以得之。曰誠求。曰忠信。皆誠其意之謂也。誠其意。即謹獨之謂也。故程子論天德王道。皆曰其要只在謹獨。論出門使民。亦曰惟謹獨便是守之之法。可謂得其要矣

右傳之八章。釋脩身齊家

所謂治國必先齊其家者。其家不可教而能教人者無之。故君子不出家而成教於國。孝者所以事君也。弟者所以事長也。慈者所以使衆也。弟去聲長上聲

身脩則家可教矣。因家不可教。而推家所以可教之由。實自脩身始。孝弟慈所以脩身而教於家者也。然而國之所以事君事長使衆之道。不外乎此。此字指孝弟慈而言此所以家齊於上。而教成於下也。朱子曰。上面說不出家而成教於國。下面便說所以教者如此。此三者便是教之目。○孝者所以事

君。弟者所以事長。慈者所以使衆。此道理皆是我家裏做成了。天下人看著自能如此。不是我推之於國。○孝以事親。而使一家之人皆孝。弟以事長。而使一家之人皆弟。慈以使衆。而使一家之人皆慈。是乃成教於國者也。○陳氏曰。在我事親之孝。即國之所以事君者。在我事兄之弟。即國之所以事長者。在我愛子之慈。即國之所以使衆者。能脩之於家。則教自行於國矣。○玉溪盧氏曰。孝弟慈三者。明德之大目。人倫之大綱。舉此可該其餘矣。○雲峯胡氏曰。脩身以上。皆是學之事。齊家治國。方是教之事。所以此章首拈出教之一字。然其所以爲教者。又只從身上說來。孝弟慈所以脩身而教於家者也。獨舉三者。蓋從齊家上說。一家之中有父母。故曰孝。有兄長。故曰弟。有子弟僕隸。故曰慈。事君事長使衆。方從治國上說。○吳氏曰。傳只言治國先齊其家。章句并脩身言之。推本之論也。孝弟慈體之身。則爲脩其身。行之家。則爲齊其家。推之國。則爲治其國。天理人倫。一以貫之而已。況家有父。猶國有君。家有兄。猶國有長。家有幼。猶國有衆。分雖殊。理則一也。

康誥曰。如保赤子。心誠求之。雖不中不遠矣。未有學養子

而后嫁者也。中去聲

此引書而釋之。又明立教之本不假强上聲爲，在識其端而推廣之耳。朱子曰：孝弟雖人所同有，能守而不失者鮮。惟保赤子，罕有失者。故特即人所易曉者以示訓，亦與孟子言見孺子入井之意同。○保赤子，慈於家也；如保赤子，慈於國也。保赤子是慈，如保赤子是使衆。心誠求赤子所欲，於民亦當求其不能自達者。此是推慈幼之心以使衆也。○此且只說動化爲本，未說到推上。後方全是說推。○黄氏曰：言但以誠心求之，則自然得赤子之心，不待勉强而後知之也。○三山陳氏曰：赤子有欲，不能自言，慈母獨得其所欲，雖不中亦不遠者，愛出於誠，彼己不隔，以心求之，不待學而後能也。○玉溪盧氏曰：引書即慈之道，以明孝弟之道也。立教之本，本者，明德是已。在識其端，端者，明德之發見，爲孝弟慈是已。○仁山金氏曰：此段章句本章首教字，三者俱作教說，不作推說。立教之本，說孝弟慈；不假强爲，說未有學養子而后嫁；在識其端而推廣之，說心誠求之。○雲峯胡氏曰：孝弟慈皆人心之天，此獨言慈者，世教衰。孝弟或有失其天者。獨母之保赤子。慈之天未有失者也。大要只在心誠求之一句上。舉其慈之出於天者。庶可以觸其孝弟之天。孝弟亦在乎誠而已。○新安陳氏曰。立教之本。總言孝弟慈。傳引書只言慈幼。章句乃總三者言之。蓋因慈之良知良能。而知孝弟之良知良能。皆不假於强為。只在識其端倪之發見處。而從此推廣去耳。○東陽許氏曰。保赤子是父母愛子之心。如保者。是言君養民亦當如父母之保赤子。赤子不能言。父母保之。雖不中不遠。況民之能言。而意易曉者。所欲與之聚。所惡勿施。雖不中。民之心亦不遠矣。

一家仁。一國興仁。一家讓。一國興讓。一人貪戾。一國作亂。其機如此。此謂一言僨事。一人定國。僨音奮

一人。謂君也。機。發動所由也。僨。覆敗也。此言教成於國之效。朱子曰。一家仁一國興仁。一家讓一國興讓。自家禮讓有以感之。故民亦如此興起。自家好爭利。卻責民間禮讓。如何得他應。○一家仁以上。是推其家以治國一家仁以下。是人自化之也。○雙峯饒氏曰。仁讓

是本上文孝弟而言。仁屬孝，讓屬弟。貪戾者，慈之反也。上言不出家而成教於國底道理，此言不出家而成教於國底效驗。○玉溪盧氏曰：仁讓，善也。接上文孝弟言。貪戾，惡也。貪則不讓，戾則不仁。有善無惡之理雖原於天，而爲善爲惡之機實由於君。仁讓之化，必待行於家而後行於國。貪戾之失，才自於君而即見於國。從善如登，見其難；從惡如崩，見其易。機之所在，可畏如此，可不謹歟！僨事定國，蓋古語。觀此謂二字可見。引以證上文。○仁山金氏曰：定國謂之一人，蓋總一身而論；僨事謂之一言，則不過片言之間。善惡功效之難易，尤爲可懼也已。○新安陳氏曰：一家仁讓而一國仁讓，家齊而國治也。一人貪戾而一國即作亂，身不脩則家國即不齊不治也。機者，弩牙，矢之發動所由。譬仁讓之興，其機由一家；悖亂之作，其機由一人。故總斷云：其機如此。一言僨事，結作亂句；一人定國，結興仁讓句。○東陽許氏曰：仁讓必一家方能一國化；貪戾只一人便能一國亂。至於僨事，又只在人之一言。以此見爲善難，爲惡易，不可忽如此。

堯舜帥天下以仁，而民從之；桀紂帥天下以暴，而民從之。

其所令反其所好而民不從是故君子有諸己而後求諸人無諸己而后非諸人所藏乎身不恕而能喻諸人者未之有也好去聲

此又承上文一人定國而言新安陳氏曰民之仁暴惟上所帥帥之以所好則民從如好暴而令以仁所令與所好反民弗從矣有善於己然後可以責人之善無惡於己然後可以正人之惡皆推己以及人所謂恕也蛟峯方氏曰此章是如治己之心以治人之恕絜矩章是如愛己之心以愛人之恕不如是則所令反其所好而民不從矣喻曉也問此章言治國乃言帥天下以仁又似說平天下言有諸己又似說脩身何也朱子曰聖賢之文簡暢身是齊治平之本治國平天下自是相關豈可截然不相入○尋常人若有諸己又何必求諸人無諸己又何必非諸人如孔子說躬自厚而薄責於人攻

其惡無攻人之惡。至於大學之說。是有天下國家者勢不可以不責他。大抵治國者禁人惡。勸人善。便是求諸人非諸人○三山陳氏曰。己有此善。然後可以求人有此善。己無此惡。然後可以非人有此惡。皆己先之也○雙峯饒氏曰。無善而欲責人。有惡而欲禁人。是無己可推而欲及人也。此章雖釋齊家治國。然自一人貪戾以下。皆歸重人主之身。此乃極本窮原之論。問恕者推己及人。今却說所藏乎身。曰。恕有首有尾。藏乎身者其首。及人者其尾也。忠是恕之首。治國平天下章皆說恕。此章言有諸己無諸己。是要人於脩己上下工夫。其重在首。下章言所惡於上無以使下等。是要人於及人上下工夫。其重在尾。兩章互相發明○仁山金氏曰。治國者必有法制號令。以禁民爲非而律民以善。雖桀紂之世亦所必有。但其所好則不若此。故民從其所好。不從其所令。所以治國者在反求諸己。乃政令之本○藏乎身者自其盡己處言之。恕者自其推己處言之。所藏是指有諸己無諸己者也。恕是指求諸人非諸人者也。所藏乎身不恕。謂所藏於己者未有可推以及人。如何能喻諸人。然所謂堯舜帥天下以仁。以己及物者也。仁也。所謂有諸己而後求諸人。無諸己而後非諸人。推己及物者也。恕上也。至所謂桀紂帥天下以暴不仁者也。所藏乎身不恕亦以上文也。○雲峯胡氏曰。此一恕字。人皆知其以推己之恕言。不知藏乎身三字。已帶盡己之忠言矣。此章有無二字。必自誠意章相貫說來。天下未有無忠之恕。上文心誠求之。即是誠意之誠。非有二也。誠意者。如惡惡臭。如好好色。皆務決去而求必得之。求必得之。則有諸己矣。務決去之。則無諸己矣。○新安陳氏曰。有善無惡於己。盡己之忠也。推己以責人。正人。由忠以爲恕也。忠即恕之藏於內者。恕即忠之顯於外者。所藏乎身不恕。無藏於內之忠而欲爲恕。是乃程子所謂無忠做恕不出者也。其能喻人者無之

故治國在齊其家

通結上文

詩云。桃之夭夭。其葉蓁蓁。之子于歸。宜其家人。宜其家人。而后可以教國人

夭平聲 蓁音臻

詩周南桃夭之篇。夭夭。少好貌也。少去聲。少嫩。蓁蓁。美盛貌。興也。於六義屬興。之子猶言是子。此指女子之嫁者而言也。婦人謂嫁曰歸。宜猶善也。玉溪盧氏曰。可以教國人。應其家不可教而能教人者無之之意

詩云。宜兄宜弟。宜兄宜弟。而后可以教國人

詩小雅蓼音六蕭篇。

詩云。其儀不忒。正是四國。其爲父子兄弟足法。而后民法之也

詩曹風鳲音尸鳩篇。忒差也。問父子兄弟足法而後民法之。然堯舜不能化其子。周公不能和兄弟。是如何。朱子曰。聖賢是論其常。堯舜周公是處其變。如不將天下與其子而傳賢。便是能處變得

好。若周公不辟管叔。周如何不亂。是不得已著恁地。而今且理會常底。今未解有父如瞽瞍。兄弟如管蔡。未論到變處。○三山陳氏曰。說正四國及仁帥天下。皆是說到極處。○玉溪盧氏曰。父子兄弟足法。儀之不忒也。民法之。四國之正也。教國人。是治國之事。所以明明德於其國。民法之。是國治之事。則明德明於其國矣。○新安陳氏曰。足法家齊而可以示法於人也。民法之。國人取法於己也。

此謂治國在齊其家

此三引詩。皆以詠歎上文之事。而又結之如此。其味深長。最宜潛玩。三山陳氏曰。古人凡辭有盡而意無窮者多援詩以吟詠其餘意。○玉溪盧氏曰。此章言治國甚略。言齊家甚詳。所以明齊家之道即治國之道。以人同此心。心同此明德故也。○仁山金氏曰。三引詩。首引之子宜家。繼引宜兄宜弟。向也。蓋天下之未易化者婦人。而人情之每易失者兄弟。齊家而能使之子之宜家。兄弟之相宜。則家無不齊者矣。宜乎其儀不忒。而足以正是四國也。自脩身而齊家。自齊家而治國而平天下有二道焉一是化一是推化者自身教而動化也推者推此道而廣充之也故此一章並含兩意自章首至成教於國一節是化三所以是推如保赤子繼慈者使衆而言是推一家仁以下一節是化帥天下一節是化有諸己一節繼所令反其所好而言是推三引詩是化惟化則可推惟推則皆化非化則推不行非推則化不周○雲峯胡氏曰中庸引詩明行遠自邇之意必先妻子好合而後兄弟既翕此三引詩首以婦人之宜家人而繼以宜兄弟蓋家人離必起於婦人非刑于寡妻者未易至于兄弟亦未易御于家邦也其示人以治國之在齊其家也益嚴矣○東陽許氏曰三引詩自內以至外婦人女子最難於化而夫婦之閒常人之情最易失於動不以正化能行於閨門則德盛矣故引詩言夫婦爲首而兄弟次之總一家言者又次之

右傳之九章釋齊家治國

所謂平天下在治其國者上老老而民興孝上長長而民興弟上恤孤而民不倍是以君子有絜矩之道也長上聲弟去聲

倍與背同。絜胡結反。

老老。所謂老吾老也。興。謂有所感發而興起也。孤者。幼而無父之稱。絜。度待洛反。下同也。矩。所以爲方也。矩者。制方之器。俗呼曲尺。此借以爲喻。言此三者。上行下效。捷疾業反於影響。所謂家齊而國治也。新安陳氏曰。上行。謂老老長長恤孤。下效。謂民興孝興弟不倍。此即上章孝弟慈所以不出家而成教於國者。章句接上章說下來。亦可以見人心之所同。而不可使有一夫之不獲矣。新安陳氏曰。可見人同欲遂其孝弟慈之心。便當平其政以處之。不可使有一人之不得其所也。是以君子必當因其所同。推以度物。物即人也。使彼我之間。各得分去聲願。則上下四旁。均齊方正。而天下平矣。朱子曰。老老長長恤孤。方是就自家切近處說。所謂家齊也。民興孝興弟不倍。是就民之感發興起處說治國而國治之事也上行下效感應甚速可見人心所同者如此是以君子有絜矩之道也此句方是引起絜矩事下面方說絜矩而結之云此之謂絜矩之道○絜矩之說不在前數章卻在治國平天下章到此是節次成了方用得○先說上行下效到絜矩處是就政事上說若但興起其善心不使得遂其心雖能興起亦徒然耳如政煩賦重不得養其父母畜其妻子又安得遂其善心須是推己之心以及於彼使彼俯足以事俯足以育方得○能使人興起者聖人之教化也能遂其興起之心者聖人之政事也○矩者心也我心所欲即他人所欲我欲孝弟慈必使他人皆如我之孝弟慈不使一夫之不獲方可只我能如此他人不能如此即是不平矣○絜矩不是外面別有箇道理只便是前面正心脩身底推而措之○問絜矩之道是廣仁之用否曰此乃求仁工夫正要著力若仁者只是舉而措之耳不待絜矩而自無不平矣絜矩正是恕者之事○興孝興弟不倍上行下效之意上章已言之矣此章再舉之者乃欲引起下文君子必須絜矩然後可以平天下之意不然則雖民化其上以興於善而天下終不免於不平也故此一章首尾皆以絜矩之意推之而末

嘗復言躬行化下之說○問上老老而民興孝下面接是以君子有絜矩之道也似不相續如何曰這箇便是相續絜矩是四面均平底道理教他各得老其老各得長其長各得幼其幼不成自家老其老教他不得老其老長其長教他不得長其長幼其幼教他不得幼其幼便不得是以二字是結上文猶言君子爲是之故所以有絜矩之道○絜矩如自家好安樂便思他人亦欲安樂當使無老稚轉乎溝壑壯者散而之四方之患制其田里教之樹畜皆比以推之○雙峯饒氏曰矩所以爲方之具也匠欲爲方必先度之以矩欲平天下若以何物爲矩而度之亦惟此心而已絜者以索圍物而知其大小度之義也匠之度物以矩爲矩君子之度人以心爲矩○玉溪盧氏曰矩猶則也明德至善吾心本然之則也以此齊家絜矩於家也以此治國絜矩於國也以此平天下絜矩於天下也絜矩之道即明明德於天下之道也○仁山金氏曰首三句是化絜矩是推既有以化之而興其孝弟不倍之心必有以推之而遂其孝弟不倍之願推之者莫大於從其所好勿施所惡所好在因其利所惡在奪其利○雲峯胡氏曰此章當分爲八節右第一節言所以有絜矩之道夫子十五志學即此

所謂大學志學以下分知行到末節方言不踰矩是生知安行之極致大學格物而下亦分知行到末章亦言絜矩是致知力行之極功矩者何人心天理當然之則也吾心自有此天則聖人隨吾心之所欲自不踰乎此則故曰不踰矩人心同有此天則學者即吾心之所欲以爲施於人之則故曰絜矩只是一箇矩字但不踰矩之矩渾然在聖人方寸中是矩之體絜矩之矩於人己交接之際見之是矩之用規矩皆法度之器此獨曰矩者規圓矩方圓者動而方者止不踰矩即是明德之止至善絜矩即是新民之止至善

所惡於上毋以使下所惡於下毋以事上所惡於前毋以先後所惡於後毋以從前所惡於右毋以交於左所惡於左毋以交於右此之謂絜矩之道惡先並去聲

此覆解上文絜矩二字之義如不欲上之無禮於我則必以此度下之心而亦不敢以此無禮使之不欲下之

不忠於我則必以此度上之心而亦不敢以此不忠事之至於前後左右無不皆然則身之所處上聲上下四旁上下已見上文前後左右為四旁四旁即四方也長短廣狹彼此如一而無不方矣彼同有是心而興起焉者又豈有一夫之不獲哉新安陳氏曰有此絜矩之道以處之則始焉興起其孝弟不倍之心者今果得以遂其心矣所操平聲者約而所及者廣雲峯胡氏曰只一矩字此心所操者約加一絜字此心所及者廣此平天下之要道也故章內之意皆自此而推之朱子曰上下前後左右都只一樣心只是將那頭折轉來比這頭在我上者使我如此而我惡之更不將來待在下之人如此則自家在中央上面也占許多地步下面也占許多地步便均平方正若下之事我如此而我惡之我若將去事上便下面長上面短不方了左右前後皆然○譬如交代官前官之待我既不善吾毋以前官所以待我者

待後官也。左右如東西鄰，以鄰國爲壑，是所惡於左。毋以交於右。可也。上下前後左右做九箇人來看便見。○己欲立而立人，己欲達而達人，是兩摺說。只以己對人言。若絜矩，則上之人所以待我，我又思以待下之人，是三摺說。如中庸所求乎子以事父未能，亦是此意。但中庸是言其所好，此言其所惡也。人莫不有在我之上者，莫不有在我之下者。如親在我之上，子孫在我之下。我欲子孫孝於我，而我却不能孝於親；我欲親慈於我，而我却不能慈於子孫，便是一畔長，一畔短，不是絜矩。○問長短廣狹如一而無不方。在人有天子諸侯大夫士庶人之分，何以使之均平。曰：非言上下之分，欲使之均平，蓋事親事長當使之均平，上下皆得行之，上之人得事其親，下之人也得事其親，但各隨其分得盡其事親事長之意耳。○雙峯饒氏曰：以上下左右前後言，則我當其中。上之使我，猶我之使下；下之事我，猶我之事上。至於左右前後皆然。故皆不當以所惡者及之。然以事上之使我者使下，而不以事上；以下之事我者事上，而不以使下，則上下之分殊矣。以前之先我者先後，而不以從前；以後之從我者從前，而不以先後，則前後之分殊矣。是理一之中又有分殊者存。此所以異於墨氏之兼愛佛法之平等也○雲峯胡氏曰右第二節言此之謂絜矩之道須看是以有此之謂六字人之心本無間於己是以有絜矩之道己之心能不間於人此之謂絜矩之道○新安陳氏曰下文節節提掇能絜矩與不能絜矩者之得與失皆是自此一節而推廣之

詩云樂只君子民之父母民之所好好之民之所惡惡之此之謂民之父母樂音洛只音紙好惡並去聲下並同

詩小雅南山有臺之篇只語助辭言能絜矩而以民心爲己心則是愛民如子而民愛之如父母矣此言能絜矩之效○東陽許氏曰言上之人能如愛子之道愛其民則下民愛其上如愛父母然愛民之道不過順其好惡之心而已大約言之民所好者飽暖安樂所惡者饑寒勞苦使民常得其所好而不以所惡之事加之則愛民之道也

詩云節彼南山維石巖巖赫赫師尹民具爾瞻有國者不

可以不慎辟則爲天下僇矣節讀爲截辟讀爲僻僇與戮同

詩小雅節南山之篇節截然高大貌師尹周太師尹氏也具俱也辟偏也言在上者人所瞻仰不可不謹若不能絜矩而好惡徇於一己之偏則身弒國亡爲天下之大戮矣此言不能絜矩之禍與上一節正相反者也

詩云殷之未喪師克配上帝儀監于殷峻命不易道得衆則得國失衆則失國喪去聲儀詩作宜峻詩作駿易去聲

詩文王篇師衆也配對也配上帝言其爲天下君而對乎上帝也監視也峻大也不易言難保也道言也引詩而言此以結上文兩節之意有天下者能存此心而不

失則所以絜矩而與民同欲者自不能已矣雙峯饒氏曰未喪師則克配上帝是得衆則得國能絜矩而爲民父母者也喪師則不能配上帝是失衆則失國不能絜矩而辟則爲天下僇者也○玉溪盧氏曰殷之喪師紂之失人心也其未喪師先王之得人心也得人心所以配上帝失人心所以不能天命之去留判於人心之向背人心之向背又在君之能絜矩與否而已得衆得國應南山有臺之意失衆失國應節南山之意存此而不失明德之體所以立絜矩而與民同欲明德之用所以行○雲峯胡氏曰右第三節就好惡言絜矩蓋好惡二字已見誠意脩身二章特誠意章是好惡其在己者脩身章推之以好惡其在人者此章又推以好惡天下之人者也誠意章主慎獨其爲好惡也一誠無僞此章主絜矩其爲好惡也一公無私脩身章是言不能慎獨則好惡之辟不足以齊其家此章是言不能絜矩則好惡之辟不足以平天下所謂血脉貫通者又於此見之不可不詳味也慎獨是敬以直內絜矩是義以方外

是故君子先慎乎德有德此有人有人此有土有土此有

財有財此有用

先謹乎德承上文不可不謹而言德即所謂明德有人謂得衆有土謂得國應上文得衆則得國有國則不患無財用矣

朱子曰爲國絜矩之大者又在於財用所以後面只管說財○自家若意誠心正身脩家齊了則天下之人安得不歸於我如湯武之東征西怨則自然有人有土此○雙峯饒氏曰格致誠正脩所以謹此德也此有人等字此猶斯也○玉溪盧氏曰德即明德謹德即謂明明德先謹乎德以平天下之大本而言也有德則能絜矩所以得衆而得一國○新安陳氏曰揭明德訓此德字見明明德爲大學一書之綱領此章言財用始於此此財用之有本於愼德而有之非私有也○東陽許氏曰言爲人上者明德爲本而財用爲末財固是國家所必用而不可無者但當脩德爲本絜矩而取於民有制

德者本也財者末也

本上文而言新安陳氏曰。有德而後有人有土。有土而後方有財。可見德爲本而財爲末矣

外本內末爭民施奪

人君以德爲外。以財爲內。則是爭鬭其民。而施之以劫奪之教也。蓋財者。人之所同欲。不能絜矩而欲專之。則民亦起而爭奪矣朱子曰。民本不是要爭奪。惟上之人以德爲外而暴征橫歛。民便效尤相攘相奪。是上教得他如此○三山陳氏曰。財人所同欲。上欲專之。則不均平。便是不能絜矩

是故財聚則民散財散則民聚

外本內末。故財聚。爭民施奪。故民散。反是。則有德而有人矣括蒼葉氏曰。爲國者豈可惟知聚財而不思所以散財。此有天下者之大患也○東陽許氏曰。財聚民散。言不能絜矩取於民無制之害。財散民聚。言能絜矩取於民有制之利。散財不是要上之人把財與人。只

是取其當得者而不過。蓋土地所生。只有許多數目。上取之多。則在下少。

是故言悖而出者亦悖而入。貨悖而入者亦悖而出。

悖逆也。此以言之出入。明貨之出入也。自先謹乎德以下至此。又因財貨以明能絜矩與不能者之得失也。

問絜矩如何只管說財利。朱子曰。畢竟人爲這箇較多。所以生養人只是這箇。所以殘害人亦只是這箇。○此章大槩是專從絜矩上來。蓋財者人之所同好也。而我欲專其利。則民有不得其所好者矣。大抵有國有家所以生起禍亂。皆是從這裏來。○三山陳氏曰。以惡聲加人。人必以惡聲加己。以非道取人之財。人必以非道奪之。言與貨其出入雖不同。而皆歸諸理。其爲不可悖一也。○吳氏曰。愼德而有人有土與財。散民聚。能絜矩者之得也。內末而爭民施奪。與財聚民散。悖入悖出。不能絜矩者之失也。○東陽許氏曰。此以言之出入比貨出入。不能絜矩取於民無制之害

康誥曰惟命不于常道善則得之不善則失之矣

道言也因上文引文王詩之意而申言之其丁寧反覆之意益深切矣雙峯饒氏曰此得失字串前得失字以德爲本則善善則得衆得國矣以財爲本則不善不善則失衆失國矣○玉溪盧氏曰有德則能絜矩是之謂善所以得人心在此所以得天命亦在此無德則不能絜矩是謂不善所以失人心在此所以失天命亦在此人心歸則天命歸人心去則天命去是以天命之不常乃所以爲有常也此引康誥之書以結前五節之意與前引文王詩相應命不于常即峻命不易之理善則得不善則失即得國失國之意此所謂善即止至善之善○雲峯胡氏曰右第四節就財用言絜矩若好惡不能絜矩任己自私不可以平天下財用不能絜矩瘠民自肥亦不可以平天下欲平天下者不可不深自警省也

楚書曰楚國無以爲寶惟善以爲寶

楚書楚語。三山陳氏曰。楚史官所記之策書也。○古栝鄭氏曰。楚書。楚昭王時書也。言不寶金玉而寶善人也。國語楚語。王孫圉聘於晉。定公饗之。趙簡子鳴玉以相。問曰。楚之白珩猶在乎。其爲寶也幾何矣。曰。楚之所寶者曰觀射父。能作訓辭以行事於諸侯。使無以寡君爲口實。又有左史倚相。能通訓典以敘百物。以朝夕獻善敗于寡君。使無忘先王之業。若諸侯之好幣具而導之以訓辭。寡君其可以免罪於諸侯。而國民保焉。此楚國之寶也。若夫白珩先王之玩也。何寶之焉。王孫圉。楚大夫。趙簡子。名鞅。鳴王以相。鳴佩玉以相禮也。珩。佩玉之橫者。

舅犯曰。亡人無以爲寶。仁親以爲寶。

舅犯。晉文公舅狐偃。字子犯。亡人。文公時爲公子名重耳出亡在外也。仁。愛也。事見形甸反檀弓。禮記檀弓篇。晉獻公之喪。秦穆公使人弔公子重耳。且曰。寡人聞之。亡國恒於斯。得國恒於斯。雖吾子儼然在憂服之中。喪亦不可久也。時亦不可失也。孺子其圖之。以告舅犯。舅犯曰。孺子其辭焉。喪人無寶。仁親以爲寶。父死之謂何。又因以爲利。而天下其孰能說之。孺子其辭焉。重。平聲。喪亦喪人之喪。並去聲。喪即出亡也。父死而欲反國求爲後。是因以爲利也。說如字。猶解也。○古括鄭氏曰。文公時避驪姬之讒。亡在翟而獻公薨。秦穆公使子顯弔之。勸之復國。舅犯爲之對此辭也。○四明李氏曰。楚爲春秋所惡。舅犯特霸主之佐耳。大學參稽格言以垂訓萬世。乃於此乎取。何歟。蓋天下之善無窮。君子之取善亦無窮。猶書記帝王而繼之以秦誓。故下文及之

此兩節又明不外本而內末之意雙峯饒氏曰。寶者。指財而言。此就財上說來。却接用人說去。蓋天下惟理財用人二事最大。○玉溪盧氏曰。不以金玉爲寶而以善人爲寶。不以得國爲寶而以愛親之道爲寶。是能內本而外末者也。○雲峯胡氏曰。右第五節當連上文善與不善看。在我者惟善則得之。在人者亦當惟善是寶。兩寶字結上文財用。惟善仁親。又起下文之意。蓋第三節言好惡。第四節言財用。此則兼財用好惡言也

秦誓曰。若有一个臣。斷斷兮無他技。其心休休焉。其如有

容焉。人之有技，若己有之；人之彥聖，其心好之，不啻若自其口出，寔能容之，以能保我子孫黎民，尚亦有利哉。人之有技，媢疾以惡之；人之彥聖，而違之俾不通，寔不能容，以不能保我子孫黎民，亦曰殆哉。介古賀反，書作介。斷丁亂反。媢音冒。

秦誓，周書。斷斷，誠一之貌。彥，美士也。聖，通明也。三山陳氏曰：聖字專言之，則爲衆善之極。對衆善而言，則止於通明之一端。○新安陳氏曰：孟子云大而化之之謂聖，此專言之者也。周禮六德知仁聖義中和，此對衆善而言之者也。尚，庶幾也。媢，忌也。違，拂戾也。殆，危也。問：絜矩以好惡財用媢疾彥聖爲言，何也？朱子曰：如桑弘羊聚斂以奉武帝之好，若是絜矩底人，必思許多財物必是侵過著民，必惡。言財用者，蓋如自家在一鄉之間，却專其利，我好民必惡。言財用者，蓋如自家在一鄉之間，却專其利，便是侵過著他底，便是不絜矩。言媢疾彥聖者，蓋有善人，則合當舉之，使之得其所；今則不舉他，使失其所，是侵善人之分便是不絜矩此不特言其好惡財用之類當絜矩事事亦當絜矩○玉溪盧氏曰一个挺然獨立而無朋黨之謂斷斷無他技德有餘而才不足也休休二字其義深長有淡然無欲之意又有粹然至善之意曰如有容其量之大不可得而測亦不可得而名言也有技若己有之能容天下有才之人則天下之才皆其才也若己有之不特不媢疾而已彥聖心好不啻若自其口出能容天下有德之人則天下之德皆其德也不啻若自其口出好善有誠而口不足以盡其心也能以天下之才德為己之才德信乎其能容矣前言如有容此言寔能容二句相應人君用此人其有益於人國可知有技疾惡之彥聖俾不通不能以天下之才德為才德人君而用此人國家豈不危殆能容者一用之其利如此不能容者用之其害又如此人主在擇一相者此也此又絜矩之先務也○蛟峯方氏曰其如有容其疑辭也有甚物似他有容者言無可比他有容之大○新安陳氏曰有容者能絜矩而人所同好者也媢疾者不能絜矩而人所同惡者也人君能好有容者而用之惡媢疾者而舍之是又絜矩之大者○東陽許氏曰此專言為政者好惡之公私尚亦有利哉以上一截言能絜矩

而以公心好人。以下一截。言不能絜矩而以私心惡人

唯仁人放流之。迸諸四夷。不與同中國。此謂唯仁人爲能愛人。能惡人。迸讀爲屏。古字通用。屏必正反。除也。

迸。猶逐也。言有此娼疾之人。妨賢而病國。則仁人必深惡而痛絶之。以其至公無私。故能得好惡之正如此也。

北溪陳氏曰。此能公其好惡而能絜矩者也。○雙峯饒氏曰。惡人之所同惡。好人之所同好。即舜之去四凶舉十六相是也。○玉溪盧氏曰。此承上節下一截而言。娼疾之人。待之宜如此。謂之能惡人可也。而謂之能愛人何也。蓋小人不去。則君子不進。去小人不能絶之。則雖進君子而不能安之。去小人。固所以進君子。絶小人。乃所以安君子。吾之威在娼疾之人。吾之恩在天下後世矣。惟吾心純乎天理之公。故吾之好惡與天下爲公。此仁人所以能愛惡人也。○新安陳氏曰。此引家語孔子之言。故以此謂冠之。乃引援古語之例。○東陽許氏曰。

言能絜矩而惡惡得其正。所謂放流，即媢疾蔽賢之人。朝廷之上。惡人既去，則善人方得通。又以仁人總結之。言能絜矩者也

見賢而不能舉，舉而不能先，命也；見不善而不能退，退而不能遠，過也。遠，去聲。

命，鄭氏云當作慢，程子云當作怠，未詳孰是。命、慢聲相近，近是。

若此者，知所愛惡矣，而未能盡愛惡之道，蓋君子而未仁者也。朱子曰：先是早底意，是不能速用之。〇雙峯饒氏曰：見賢而不能舉，見不善而不能退，如漢元帝知蕭望之之賢而不能用，知弘恭、石顯之姦而不能去是也。〇新安陳氏曰：舉不先，未盡愛之道；退不遠，未盡惡之道。上文能愛惡，仁人也。此不能盡愛惡之道，所以爲君子而未仁者也

好人之所惡，惡人之所好，是謂拂人之性，菑必逮夫身。菑，古

災字。夫音扶

拂逆也。好善而惡惡。人之性也。至於拂人之性。則不仁之甚者也。自秦誓至此。又皆以申言好惡公私之極。以明上文所引南山有臺節南山之意朱子曰。斷斷者是能絜矩。媢疾者是不能絜矩。仁人放流之。是大能絜矩。好人所惡。惡人所好。是大不能絜矩。○括蒼葉氏曰。上一節人雖未盡好惡之極。猶能知所好惡。尚不至於拂人好惡之常性。今有人焉。於人之所當好所同好者反從而惡之。於人之所當惡所同惡者反從而好之。如此等人不仁之甚。○雙峯饒氏曰。好惡與人異。菑必逮夫身。桀紂是也。○玉溪盧氏曰。人性本有善而無惡。故人皆好善而惡惡。仁人之能好惡。不過順人之性耳。苟好惡惡善而拂人之性則失其本心甚矣。非不仁之甚而何。菑必逮身。爲天下僇是也。自古有天下者未嘗不以用君子而興。用小人而亡。能愛惡人。則君子進小人退。而天下蒙其利。此能絜矩者之所爲也。好人所惡惡人所好。則君子退小人進。而天下受其禍此不能絜矩者之所爲也。自秦誓至此凡四節。秦誓一節見君子小人之分。次節言用舍之能盡其道者。又次節言用舍之不盡其道者。此節則言用舍之全失其道者。皆因絜矩之義而申明好惡公私之極。以申明平天下之要道也。○雲峯胡氏曰。右第六節就用人言好惡。大學於此提出仁之一字。而章句又以君子之未仁小人之不仁者言之。蓋絜矩是恕之事。恕所以行仁。故特以仁結之

是故君子有大道。必忠信以得之。驕泰以失之

君子。以位言之。此謂治國平天下之君子道。謂居其位而脩己治人之術。道即大學之道。脩己明明德之事。治人新民之事也發己自盡爲忠。循物無違謂信。朱子曰。發於己心而自盡則爲忠。循於物理而不違背則爲信。忠是信之本。信是忠之發。伊川見明道此語尚晦。故更云盡己之謂忠。以實之謂信。便更穩當驕者矜高。泰者侈肆。此因上所引文王康誥之意而言。章內三言得失而語益

加切蓋至此而天理存亡之幾平聲決矣朱子曰。初言得衆失衆。再言善則得不善則失。已切矣。終之以忠信驕泰。分明是就心上說出得失之由以決之。忠信乃天理之所以存。驕泰乃天理之所以亡。○北溪陳氏曰。忠信者絜矩之本。能絜矩者也。驕泰者任己自恣。不能絜矩者也。○雙峯饒氏曰。此得失字。又串前兩段得失字而言。由上文觀之。固知得衆得國而又知善則得之矣。然所以得此善者。亦曰忠信則得善之道。驕泰則失善之道矣。忠信即是誠意。驕泰乃忠信之反也。以此觀之。可見誠意不特為正心脩身之要。而又為治國平天下之要。○雲峯胡氏曰。右第七節不分言好惡與財用之絜矩。但言君子有大道。此道字即章首絜矩之道也。忠信以得之者。在己有矩之心。而發己自盡則為忠。在物有矩之理。而循物無違則為信。驕泰以失之者。驕者矜高不肯下同民之好惡。非絜矩之道也。泰者侈肆必至於橫斂乎民之財用。非絜矩之道也。前兩言得失。人心天命存亡之幾也。此言得失。吾心天理存亡之幾也。章句此一幾字當與誠意章幾字參看生財有大道。生之者衆，食之者寡，爲之者疾，用之者舒，則財恒足矣。恒，胡登反。

呂氏曰：呂氏名大臨，字與叔，藍田人。國無遊民，則生者衆矣；朝音潮。無幸位，則食者寡矣；不奪農時，則爲之疾矣；量入爲出，則用之舒矣。愚按：此因有土有財而言，以明足國之道在乎務本而節用。新安陳氏曰：務本謂生者衆、爲者疾，所以開財之源也；節用謂食者寡、用者舒，所以節財之流疾謂速，舒謂緩。也。非必外本内末而後財可聚也。自此以至終篇，皆一意也。陳氏曰：此古人生財之政也，蓋與後世異矣。○雙峯饒氏曰：財者末也。財雖是末，亦是重事，若要生財，亦自有箇大道理。生衆至用舒，此四者不可缺一，乃生財之正路，外此皆邪徑也。○玉溪盧氏曰：國無遊民而不奪農時，民之財所以足；朝無幸位而量入爲出，國之財所以足。○仁山金氏曰。天地間自有無窮之利。有國家者亦本有無窮之財。但勤者得之。怠者失之。儉者裕之。奢者耗之。故傳之四語。萬世理財之大法也

仁者以財發身。不仁者以身發財

發。猶起也。仁者散財以得民。不仁者亡身以殖承職反貨

朱子曰。仁者不是特地散財買人歸己。只是不私其有。人自歸之。而身自尊。是言散財之效如此。不仁者只務聚財。不管身危亡也○雙峯饒氏曰。財散民聚。此以財發身。財聚民散。此以身發財○新安陳氏曰。紂聚鹿臺之財以亡。武散之以興。即其證也

未有上好仁而下不好義者也。未有好義其事不終者也。未有府庫財非其財者也

上好仁以愛其下。則下好義以忠其上。所以事必有終。

而府庫之財無悖出之患也。問：如何上仁下便義？朱子曰：只是一箇道理。在上便喚做仁，在下便喚做義；在父便謂之慈，在子便謂之孝。○陳氏曰：惟上之人不妄取民財，而所好在仁，則下皆好義以忠其上矣。下既好義，則爲事無有不成遂者矣。天下之人皆能成遂其上之事，則府庫之財亦無悖出之患，而爲我有矣。非若不好仁之人，財悖而入，亦悖而出也。○玉溪盧氏曰：此所謂循天理則不求利而自無不利者也。○新安陳氏曰：此章自仁人放流之後，言仁不一，與此節皆當參玩。

孟獻子曰：「畜馬乘，不察於雞豚；伐冰之家，不畜牛羊；百乘之家，不畜聚斂之臣。與其有聚斂之臣，寧有盜臣。」此謂國不以利爲利，以義爲利也。畜，許六反。乘、斂並去聲。

孟獻子，魯之賢大夫仲孫蔑也。畜馬乘，士初試爲大夫者也。伐冰之家，卿大夫以上上聲喪祭用冰者也。新安陳氏曰：孔

氏疏曰按書傳士飾車駢馬詩云四牡騑騑大夫以上
乃得乘四馬今下云伐冰之家是卿大夫今別云畜馬
乘故知士初試爲大夫者也左昭四年大夫命婦喪浴
用冰喪大記云士不用冰故知卿大夫也士若恩賜亦
得用之但非其常故士喪禮賜冰則夷槃可也○禮喪
大記君設大槃造冰焉大夫設夷槃造冰焉士併瓦槃
無冰造猶納也禮自仲春之後納冰槃中乃設牀於其
上而遷尸焉秋涼而止士不用冰以瓦爲槃併以盛水
耳○周禮天官凌人掌冰正歲十有二月令斬冰三其
凌春始治鑑凡內外饔之膳羞鑑焉凡酒漿之酒醴亦
如之祭祀共冰鑑賓客共冰大喪共夷槃冰凌冰室也
鑑如甀大口以盛冰置食物酒醴于中以禦熱氣防失
味變色也甀音縋今大瓦盆屬鄭氏曰夷之言尸也實
冰於槃中置於尸牀之下所以寒尸尸之槃曰夷槃牀
曰夷牀移尸曰夷于堂皆依尸而
言也○夷槃廣八尺長一丈二尺百乘之家有采地者
也采音菜采地臣之食邑也君子寧亡己之財而不忍傷民之力故
寧有盜臣而不畜聚斂之臣此謂以下釋獻子之言也

朱子曰。如食祿之家又畜牛羊。却是與民爭利。便是不絜矩。所以道以義爲利者。義以方外也。○雙峯饒氏曰。此段大意在不畜聚斂之臣。見用人與理財相關。○玉溪盧氏曰。國不以利爲利。以義爲利。蓋古語。觀此謂字可見。引之以證獻子之言也。獻子嘗師子思。能知義利之分。故能知絜矩之道。○東陽許氏曰。言上之人當絜矩。不可侵下之利。雖養雞豚之小利。尚不可與民爭。而况爲君者專事聚斂以虐民乎。○以利爲利。快目前之意而爲禍深。以義爲利。儉目前之用而福自遠。

長國家而務財用者。必自小人矣。彼爲善之。小人之使爲國家。菑害並至。雖有善者。亦無如之何矣。此謂國不以利爲利。以義爲利也。長上聲

彼爲善之。此句上下疑有闕文誤字。○自。由也。言由小人導之也。此一節深明以利爲利之害。而重直容反言以

結之。其丁寧之意切矣。玉溪盧氏曰：長國家不務絜矩而務財用，小人導之也。務絜矩者義也。務財用者利也。君子喻義。人主用君子則能絜矩矣。小人喻利。人主用小人。則不能絜矩矣。此天下治亂之分也。又曰。財者天所生。而民所欲。事聚斂。則失人心而干天怒。故菑害並至。菑由天降。害自人作。既已並至。此時雖用君子亦晚矣。無救於禍矣。所謂徇人欲則求利未得而害已隨之者此也。國不以利爲利。以義爲利。上所引就理上說。尤足明絜矩之當務。下所引就利害上說。固足明絜矩之不容不務。言愈丁寧。遏人欲而存天理之意愈深切矣。自生財有大道以後。凡四節。前兩節自君身言。後兩節自君之用人言。進君子退小人乃與民同好惡之大者。是又所以爲絜矩之要道也。故此章言絜矩之道。必以進君子退小人終焉。既致嚴於君子小人之辨。復致嚴於義利理欲之辨者。乃大學反本窮源之意。即本心存亡之幾。決天下治亂之幾。正以明德新民皆當止於至善故也。〇勿軒熊氏曰。指用人而言。又結以務財用必自小人始。而深致嚴於義利之辨。用君子則自有義中之利。用小人則利未得而害已隨之。此章前以理財用人分爲二節。後乃合而言之。其實能用人。則能理財。不過一道而已○雲峯胡氏曰。右第八節生財大道。亦即絜矩之道。能使天下之人皆務本而上之人自不節用。非絜矩矣。第六節言仁人。此節言仁者。皆因絜矩而言也。絜矩爲恕之事。恕爲仁之方。好惡不能恕。安能如仁人能愛人能惡人。財用不能恕。安能如仁者以財發身。末又舉獻子之言者。用人亦當取其絜矩也。於好惡不能絜矩者。媢疾之人也。於財用不能絜矩者。聚斂之臣也。皆小人不仁之甚者也。故曰菑必逮身。曰菑害並至。皆指其不能絜矩之禍言之。爲戒深矣。義利之辨。大學之書以此終。孟子之書以此始。道學之傳有自來矣○東陽許氏曰。言有天下者當用善人。若用惡人。至於天災見於上。人害生於下。國勢將崩。此時雖有聖賢欲來扶持。亦不可爲。再三戒用人之詳也○災。如日食星變。水旱蝗疫皆是。害。如民心怨叛。寇賊姦宄。兵戈變亂皆是

右傳之十章釋治國平天下

此章之義。務在與民同好惡。而不專其利。皆推廣

絜矩之意也。能如是，則親賢樂利各得其所，而天下平矣。朱子曰：絜矩章專言財用，繼言用人。蓋人主不能絜矩者，皆由利心之起，故徇己欲而不知有人。此所以專言財用也。人才用舍最係人心向背，若能以公滅私，好惡從衆，則用舍當於人心矣。此所以繼言用人也。○陳氏曰：此章之義甚博，大意則在於絜矩。其所以說絜矩之道在於分義利，別好惡。其所惡者利，所好者義，須是能公好惡，別義利。如此，則天下均平而無一夫不遂其所矣。○此章反覆援引出入經傳者幾千言，意若不一，然求其緒，卒不過好惡義利之兩端。又從而要其歸，則亦不出於絜矩之道而已。絜矩之道，以己知彼，以彼反己，而好惡義利之理明矣。○雙峯饒氏曰：大學一書，多說好惡。誠意章說如好好色，惡惡臭。齊家章說好知其惡，惡知其美。所令反其所好。平天下章說民之所好好之，所惡惡之，與好人所惡，惡人所好，畢竟天下道理不過善惡兩端。初言格物致知時，便要分別此二件分明；自誠意章以後，只是好其所當好，惡其所當惡而已。又曰：

此章大要不過理財用人二事自先慎乎德以下是說理財自秦誓以下是說用人自生財有大道以下又說理財二事反覆言之然所用者君子則君子之心公必能均其利於人所用者小人則小人之心私必至專其利於己所以末後又說長國家而務財用必自小人矣如此則理財用人又只是一事○玉溪盧氏曰絜矩所以明明德於天下親賢樂利各得其所而天下平則明明德於天下而無不止於至善矣○東陽許氏曰此章大意治天下在乎絜矩而絜矩於用人取財處爲要然得失之幾全在忠信驕泰上發於心者忠接於物者信則事皆務實好善惡惡皆得其正而能盡絜矩之道存於心者矜驕行之以侈肆必不能絜矩則遠正人而讒諂聚斂之人進矣故忠信驕泰治亂之原也

凡傳十章前四章統論綱領旨趣音娶後六章細論條目工夫其第五章乃明善之要格物致知爲明善之要法第六章乃誠

身之本。誠正脩皆所以誠身，而誠意爲之本。始在初學尤爲當務之急。讀者不可以其近而忽之也。節齋蔡氏曰：明善之要，誠身之本。朱子於篇末尤懇切爲學者言之，何耶？蓋道之浩浩，何處下手？學者用工夫之至要者，不過明善誠身而已。明善即致知也，誠身即力行也。始而致知，所以明萬理於心，而使之無所疑；終而力行，所以復萬善於己，而使之無不備。知不致，則眞是眞非莫辨，而後何所從適？行不力，則雖精義入神，亦徒爲空言。此大學第五章之明善，第六章之誠身，所以爲學者用功之至切至要。○玉溪盧氏曰：十章之傳，綱目相維，讀者須即綱領而考其條目，即條目而貫諸綱領，使一書之義了然於胸中，庶幾有受用處。第五章明善之要，是明明德之端；第六章誠身之本，是明明德之實。明善誠身之旨，大學、中庸所以相表裏者在此，曾子、子思所以授受者亦在此。故朱子揭此以示學者急先之當務云。○雲峯胡氏曰：明善誠身，中庸言之，孟子又言之。其説元自大學致知誠意來。章句之末舉此二者，以見曾、思、孟三子之相授受焉。

大學章句大全

大學或問

或問大學之道吾子以爲大人之學何也曰此對小子之學言之也曰敢問其爲小子之學何也曰愚於序文已略陳之而古法之宜於今者亦既輯而爲書矣即今之小學書學者不可以不之考也曰吾聞君子務其遠者大者小人務其近者小者今子方將語音御人以大學之道而又欲其考乎小學之書何也朱子曰小學書是做人底樣子○問小學大學之別曰小學大學只是一箇事小學是學事親事長大學便就上面講究委曲其所以事親事長是如何○古人由小學而進於大學其於洒掃應對進退之間持守堅定涵養純熟固已久矣大學之序特因小學已成之功○陳氏曰小學舊綱領甚好最切於日用雖至大學之成亦不外是曰學之大小固有不同

然其爲道則一而已。是以方其幼也。不習之於小學則無以收其放心養其德性。而爲大學之基本。或曰。放心者。或心起邪思妄念。耳聽邪言。目觀亂色。口談不道之言。以至手足動之不以禮。皆是放也。收者便於邪思妄念處截斷不續。耳目言動皆然。此謂之收。既能收其放心。德性自然養得。不是收放心外又養箇德性也。朱子曰。然○西山眞氏曰。德性。謂得之於天者。仁義禮智信是也。德性在心本皆全備。緣放縱其心不知操存。是致賊害其性。若能收其放心。卽是養其德性。非二事也。及其長上聲下同也。不進之於大學則無以察夫音扶義理措諸事業。而收小學之成功。玉溪盧氏曰。察夫義理。大學始事。格致是也。措諸事業。大學終事。齊治平是也。是則學之大小所以不同。特以少去聲長所習之異宜。而有高下淺深先後緩急之殊。非若古今之辨。義利之分。判然如薰蕕音猶冰炭之相反而不可以相入也。薰。香草。蕕。臭草。今使幼學之士。必先有以自盡乎洒上去二聲埽去聲應對進退之間。禮樂射御書數之習。俟其既長。而後進乎明德新民。以止於至善。是乃次第之當然。又何爲而不可哉。曰。幼學之士。以子之言而得循序漸進。以免於躐等陵節之病。則誠幸矣。若其年之既長。而不及乎此者。欲反從事於小學。則恐其不免於扞格不勝勤苦難成之患。記學記。發然後禁。則扞格而不勝。時過然後學。則勤苦而難成。扞。胡半反。格。胡客反。勝。平聲。人欲既發而後禁之。則扞拒堅強而不勝也。欲直從事於大學。則又恐其失序無本而不能以自達也。則如之何。曰。是其歲月之已逝者。則固不可得而復。扶又反下同追矣。若其工夫之次第條目，則豈遂不可得而復補耶。朱子曰。古人於小學自能言便有教。一歲有一歲工夫。到二十來歲。聖賢資質已自有二三分。大學只出治光采。而今都蹉過了。不能更轉去做得。只據而今地頭便劄住立定脚跟做去。栽種後來根株。填補前日欠缺。如二十歲覺悟。便從二十歲立定脚跟做去。如三十歲覺悟亦然。便年八九十歲覺悟。亦只據現定劄住硬寨做去

蓋吾聞之。敬之一字。聖學之所以成始而成終者也。爲小學者不由乎此。固無以涵養本源。即前所謂收放心養德性而謹夫音扶下同灑掃應對進退之節。與夫六藝之教。爲大學者不由乎此。亦無以開發聰明。格致之事進德脩業。誠正脩齊治平而致夫明德新民之功也。是以程子發明格物之道。而必以是爲說焉。問敬字當不得小學。朱子曰。看來小學却未當得敬。敬已自包得小學。敬是徹

上徹下工夫。雖做到聖人田地。也只放下這敬不得○問大學首云明德。却不曾說主敬。莫是已具於小學否。曰。然。自小學不傳。伊川却是帶補一敬字○北溪陳氏曰。程子只說一箇主敬工夫。可以補小學之缺。蓋主敬工夫可以收放心而立大本。大本既立。然後工夫循序而進。無往不通。大抵主敬之功貫始終一動靜合內外。小學大學皆不可無也○玉溪盧氏曰。敬者定志慮攝精神而存養本心之道。故爲聖學之始終。百倍其功。只在主敬。篇首三言。爲大學一書之綱領。明明德一句。爲篇首三言之綱領。朱子敬之一字。則又明明德之綱領

也不幸過時而後學者誠能用力於此以進乎大而不害兼補乎其小則其所以進者將不患於無本而不能以自達矣。其或摧頽已甚而不足以有所兼則其所以固其肌膚之會筋骸之束而養其良知良能之本者亦可以得之於此而不患其失之於前也。記禮運。故禮義也者。人之大端

也。所以講信脩睦而固人之肌膚之會。筋骸之束也。會。合也。物合其則也。如頭容宜合於直之類。束。收斂也。如手容宜恭之類。顧以七年之病而求三年之艾。非百倍其功不足以致之。若徒歸咎於既往。而所以補之於後者又不能以自力。則吾見其扞格勤苦日有甚焉。而身心顛倒眩瞀務茂二音迷惑終無以為致知力行之地矣。況欲有以及乎天下國家也哉。問人於已失學後。須如此勉強奮勵方得。朱子曰。失時而後學。必著如此趲補得前許多欠缺處。人一能之已百之。人十能之己千之。若不如是。悠悠度日。一日不做得一日工夫。只見沒長進。如何要補前面。○今人不曾做得小學工夫。一旦學大學。是以無下手處。今且當自持敬始。使端的純一靜專。然後能致知格物。敬字是徹頭徹尾工夫。自格物至平天下皆不外此曰。然則所謂敬者又若何而用力耶。曰。程子於此嘗以主一無適言之矣。程子曰。主一之謂敬。無適之謂一。○朱子曰。主一只是心專一。不以他念雜之。無適只是不走作。如讀書時只讀書。着衣時只着衣。了此一件。又做一件。身在這裏。心亦在這裏。○今講學更須於主一上做工夫。若無主一工夫。則講底義理無安着處。都不是自家物事。若有主一底工夫。則外面許多義理方始爲我有。都是自家物事。工夫到時。纔主一。便覺意思好。卓然精明。○北溪陳氏曰。主一。是心只在此。不二不三。無適。是心只在此。不東不西。主一無適。只展轉相解釋要分明。非主一外又別有無適之功也。嘗以整齊嚴肅言之矣。程子曰。只整齊嚴肅則心便一。一則無非僻之干矣。○玉溪盧氏曰。主一無適。未易曉。故又就事實上教人。使只就眼前做工夫。如正衣冠尊瞻視。足容重。手容恭之類。皆是內外一致。外面整齊嚴肅則內面便一。內面才一。則外面便無非僻之干。至其門人謝氏之說。則又有所謂常惺惺法者焉。上蔡謝氏曰。敬是常惺惺法。○朱子曰。惺惺乃心不昏昧之謂。只此便是敬。整齊嚴肅固是敬。然心若昏昧。燭理不明。雖强把捉。豈得爲敬。○學問須是警省。且如瑞巖和尚每日常自問○主人翁惺惺否。又自答曰惺惺。今時學者却不能如此○或問佛氏亦有此語。曰。其喚醒此心則同。其爲道則異。吾儒喚醒此心。欲他照管許多道理。佛氏則空喚醒在此。無所作爲。異處在此○心既常惺惺。又以規矩繩檢之。此內外交相養之道也○今人心聳然在此。尚無惰慢之氣。況曰心常能惺惺者乎。故心常惺惺。自無客慮○陳氏曰。是就心地上做工夫處。蓋心常惺惺在這裏。便常惺惺恁地活。若不在便死了。心纔在這裏。則萬理便森然於其中矣

尹氏之說。則又有所謂其心收斂不容一物者焉。祈寬問。如何是主一。和靖尹氏曰。只收斂身心便是主一。且如人到神祠致敬時。其心收斂更著不得毫髮事。非主一而何○朱子曰。心主這一事。不爲他事攪亂。便是不容一物○問心收斂不容一物。曰。這心都不著一物。便收斂。他上文云。今人入神祠。當那時直是更著不得些子事。只有箇恭敬。此最親切。今人若能專一。此心便收斂緊密。都無些子空罅。若這事思量未了。又走做那邊去。心便成兩路

若觀是數說。足以見其用力之方矣。問程子謝氏尹氏所說敬處。朱子曰。譬如此屋四方皆入

得。若從一方入到這裏。則那三方入處都在這裏了。○問敬。諸先生之說各不同。然總而言之。常令此心常存是否。曰。其實只一般。若是敬時。自然主一無適。自然整齊嚴肅。自然常惺惺。其心收斂不容一物。但程子整齊嚴肅與謝氏尹氏之說又更分曉。○問程子謝氏之說謝氏尤切當。曰。如某所見程子說得切當。整齊嚴肅。此說心便存。便能惺惺。未有外面整齊嚴肅而內不惺惺者。人一時間外面整肅便一時惺惺。一時放寬了便昏怠也。新安陳氏曰。朱子深取整齊嚴肅之說者。蓋以有著實下手處耳。○勿齋程氏曰。整齊嚴肅及收斂不容一物。皆敬之始也。主一無適及常惺惺者。皆敬之成也。主一無適者敬之純。常惺惺者敬而明也。然主一亦有淺深。以初學言之則欲主乎一。以成德言之則所主一者無○黃氏曰。且將自家身心去體察。見得如何是所主一無適。如何是整齊嚴肅。如何是常惺惺。如何是其心收斂不容一物。是四者皆以有所畏而然。朱子晚年言敬字之義。惟畏字近之。其意精矣。○西山真氏曰。持敬之道。合三先生之言而用力焉。然後內外交相養之功始備曰。敬之所以為學之始者然矣。其所以為學之終也奈何曰。敬者。一心之主宰而萬事之本根也。知其所以用力之方。則知小學之不能無賴於此以爲始。知小學之賴此以始。則夫音扶大學之不能無賴乎此以爲終者可以一以貫之而無疑矣。蓋此心既立。由是格物致知以盡事物之理。則所謂尊德性而道問學。新安陳氏曰。尊德性持敬以涵養本原也。道問學窮格以開發聰明也。由是誠意正心以脩其身。則所謂先立其大者而小者不能奪。新安陳氏曰。先立其大者。持敬以誠其意正其心也。小者不能奪。百體從心君所令而身脩也。由是齊家治國以及乎天下。則所謂脩己以安百姓。篤恭而天下平。是皆未始一日而離去聲乎敬也。然則敬之一字豈非聖學始終之要也哉。朱子曰。敬者始終之要。未知則敬以知之。已知則敬以守之。若不敬。則其心顛倒昏昧而不自知。未知知者非敬無以知。已知者非敬無所守。○陳氏曰。心之爲物虛靈知覺。所以爲一身之主宰也。身無此以爲之主宰。則四肢百體皆無所管攝矣。然所以爲心者又當由我有以主宰之。我若何而主宰之乎。所謂敬者是又一心之主宰也。

○曰。然則此篇所謂在明明德在新民在止於至善者。亦可得而聞其說之詳乎。曰。天道流行。發育萬物。其所以爲造化者。陰陽五行而已。黃氏曰。天道是理。陰陽五行是氣。合而言之。氣即是理。一陰一陽之謂道是也。分而言之。理自爲理。氣自爲氣。形而上下是也。○未有五行。只得喚做陰陽。既有五行則陰陽在五行之中矣。而所謂陰陽五行者。又必有是理而後有是氣。及其生物。則又必因是氣之聚而後有是形。故人物之生。必得是理。然後有以爲健順仁義禮智之性。必得是氣。然後有以爲魂魄五臟百骸之身。周子所謂無極之眞。二五之精。妙合而凝者。正謂是也。問必有是理。然後有是氣。是如何。朱子曰。此本無先後之可言。然必欲推其氣之所從來。則須說先有是理。然理又非別爲一物。即存乎是氣之中。無是氣則是理亦無掛搭處。氣則爲金木水火。理則爲仁義禮智。○理未嘗離乎氣。然豈無先後。理無形。氣便粗有查滓。○就原頭定體上說。則未分五行時只謂之陰陽。未分五性時只謂之健順。及分而言之則陽爲木火。陰爲金水。健爲仁禮。順爲智義。○問陰陽五行健順五常之性。曰。健是稟得那陽之氣。順是稟得那陰之氣。五常是稟得五行之理。人物皆稟得健順五常之性。○天地之間。有理有氣。理也者。形而上之道也。生物之本也。氣也者。形而下之器也。生物之具也。故人物之生。必稟此理。然後有性。必稟此氣。然後有形。其性其形。雖不外乎一身。然道器之間。分際甚明。不可亂也。○北溪陳氏曰。人始於氣感。則得魂爲先。既而體凝焉則魄次之。魂主乎動。所以行乎此身之中。隨所貫而無不生者也。魄主乎靜。所以實乎此身之中。隨所注而無不定者也○節齋蔡氏曰。先有理後有氣者。形而上爲道形而下爲器之謂也。有則俱有者。道即器器之謂也。蓋不分先後。則理氣不明。不合理氣。則判爲二物。如性之與情未發已發自有先後。固不可道性情同時也。然情之本實具於性。非先有此性而後別生一情。是有此性即有此情也○東窻李氏曰。天之運五行。其實陰陽而已。人之性五常。其實健順而已。仁之油然生意不可遏禮之粲然明盛不可亂。健之爲也。義不拂乎可否之宜。智不外乎是非之別。順之爲也。若夫信則體是理而不易者健也。循是理而不違者順也○玉溪盧氏曰。𩲡陽之靈。𩲡陰之靈。五臟。五行之質。百骸。萬物之象也。真以理言而理不雜氣。精以氣言而氣不離理。妙者理氣之莫測。合者理氣之無間。凝則有是形而各一其性矣○周子之言見太極圖說。然以其理而言之。則萬物一原。固無人物貴賤之殊。以其氣而言之。則得其正且通者爲人。得其偏且塞（先則反）者爲物。是以或貴或賤而不能齊也。朱子曰。以理言之。則無不全。以氣言之。則不能無偏○人得其氣之正。故是理通而無所塞。物得其氣之偏。故是理塞而無所通。且如人頭圓象天。足方象地。平正端直。以其受天地之正氣。所以識道理有知識。物受天地之偏氣。所以禽獸橫生。草木頭生向下。尾反向上。物之間有知者不過只通得一路。如烏之知孝。獺之知祭。犬但能守禦。牛但能耕而已。人則無不知無不能。人所以與物異所爭者此耳。○論萬物之一原。則理同而氣異。觀萬物之異體。則氣猶相近而理絶不同。方賦與萬物之初。天命流行只是一般。故理同。二五之氣有清濁純駁。故氣異。萬物已得之後。雖有清濁純駁之不同。而同此二五之氣。故氣相近。以其昏明開塞之甚遠。故理絶不同。氣相近如知寒暖。識飢飽。好生惡死。趨利避害。人與物都一般。理不同。如蜂蟻之君臣。只是他義上有一點子明。虎狼之父子。只是他仁上有一點子明。其他更推不去。○新安倪氏曰。理雖不雜乎氣。而亦不離乎氣。以不雜者言之。則理同而氣異。以不離者言之。則得氣之正者理亦全。得氣之偏者理亦不全矣。朱子後一條與或問之說略有不同者。而亦未嘗不互相發也。

彼賤而爲物者。旣梏於形氣之偏塞。而無以充其本體之全矣。

唯人之生乃得其氣之正且通者。而其性爲最貴。故其方寸之間。虛靈洞徹。萬理咸備。北溪陳氏曰。此八字只是再詳虛靈不昧以具衆理之意。虛靈洞徹。蓋理與氣合而有此妙用耳。非可專指氣。如心恙底人亦有氣存。何故昏迷顛錯無此虛靈洞徹耶。蓋其所以異於禽獸者正在於此。而其所以可爲堯舜而能參天地以贊化育者亦不外焉。是則所謂明德者也。然其通也或不能無清濁之異。其正也或不能無美惡之殊。故其所賦之質清者智而濁者愚。美者賢而惡者不肖。又有不能同者。朱子曰。人雖皆是天地之正氣。但衮來衮去便有昏明厚薄之異。蓋氣是有形之物。纔是有形之物。便自有美惡也。○問智愚賢不肖是所稟之氣有清濁美惡之不同。不歸於所稟而歸於所賦何邪。曰。賦。如俗語云分俵均敷之意。○問有人聰明通曉是稟氣之清矣。然却所爲過差。或流於小人之歸。又有爲人賢而不甚聰明通曉。何也。曰。或問中所謂知愚賢不肖之殊是也。蓋其所賦之質便有此四樣。聰明曉了者智也。而或不賢便是稟賦中欠了清和温恭之德。又有人極温和而不甚曉事。便是賢而不智。爲學便是要克化教此等氣質令恰好耳○有是理而後有是氣。有是氣必有是理。但稟氣之清者爲聖爲賢。此如寶珠在清泠水中。稟氣之濁者爲愚不肖。此如寶珠在濁水中。所謂明明德者是就濁水中揩拭此珠也。物亦有是理。又如寶珠在至污處。然其所稟有些明處。就上面便自不昧。如虎狼之父子蜂蟻之君臣是也○黄氏曰。美惡是有生之初便分了非以性言。是以氣言。譬如玉之與石則美惡固分。而玉之中又有美惡分焉○格庵趙氏曰。通塞偏正。判人物之大分而言。其清濁美惡又就人中分別。必其上智大賢之資乃能全其本體而無少不明。其有不及乎此則其所謂明德者已不能無蔽而失其全矣。況乎又以氣質有蔽之心。接乎事物無窮之變。則其目之欲色耳之欲聲。口之欲味。鼻之欲臭。四肢之欲安佚。所以害乎其德者。又豈可勝(平聲)言也哉。二者相因。反覆深固。是以此德之明日益昏昧。而此心之靈其所知者不過情欲利害之私而已。是則雖曰有人之形。而實何以遠於禽獸。雖曰可以爲堯舜而參天地。而亦不能有以自充矣。然而本明之體得之於天。終有不可得而昧者。是以雖其昏蔽之極。而介然之頃(介音甲。倏然之頃也)一有覺焉。則即此空隙(去聲)之中。而其本體已洞然矣。(問介然之頃一有覺焉則其本)體已洞然矣。須是就這些覺處便致知充廣將去。朱子曰。然。如擊石之火。只是些子。纔引著便可以燎原。若必欲等大覺了方去格物致知。如何等得這般時節。那箇覺是物格知至了大徹悟。到恁地時事都了。若是介然之覺。一日之間其發也無時無數。只要人識認得操持充養將去是以聖人施教。既已養之於小學之中。而復扶又反開之以大學之道。其必先之以格物致知之說者。所以使之即其所養之中而因其所發以啓其明之之端也。繼之以誠意正心脩身之目者。則又所以使之因其已明之端而反之於身以致其明之之實也。夫音扶既有以啓其明之之端。而又有以致其明之之實。則吾之所得於天而未嘗不明者。豈不超然無有氣質物欲之累而復得其本體之全哉。是則所謂明明德者。而非有所作爲於性分扶去之外也。然其所謂明德者。又人人之所同得而非有我之得私也。向也俱爲物欲之所蔽。則其賢愚之分固無以大相遠者。今吾既幸有以自明矣。則視彼衆人之同得乎此而不能自明者。方且甘心迷惑沒溺於卑汚烏音苟賤之中而不自知也。豈不爲去聲之惻然而思有以救之哉。故必推吾之所自明者以及之。始於齊家。中於治國。而終及於平天下。使彼有是明德而不能自明者。亦皆有以自明而去上聲其舊染之汚焉。是則所謂新民者。而亦非有所付畀必至反增益之也。玉溪盧氏曰。非彼本無而我付畀之。非彼本少而我增益之。以其本體之明無不全也。然德之在己而當明。與其在民而當新者。則又皆非人力之所爲。而吾之所以明而新之者。又非可以私意苟且而爲也。是其所以得之於天而見形甸反於日用之間者。固已莫不各有本然一定之則。西山眞氏曰。則者。法也。天下之理。皆天實爲之。莫不有一定之法。非人力所可增損。故曰則。○玉溪盧氏曰。至善乃太極之異名。而明德之本體。得之於天而有本然一定之則者。至善之體。乃吾心體統之太極。見於日用之間而各有本然一定之則者。至善之用。乃事事物物各具之太極也。程子所謂以其義理精微之極有不可得而名者。故姑以至善目之。而傳去聲所謂君之仁。臣之敬。子之孝。父之慈。與人交之信。乃其目之大者也。衆人之心固莫不有是。而或不能知。學者雖或知之。而亦鮮上聲能必至於是而不去。此爲大學之教者所以慮其理雖粗上聲略也復而有不純。已雖粗克而有不盡。

且將無以盡夫音扶脩己治人之道故必指是而言以爲明德新民之標的也欲明德而新民者誠能求必至是而不容其少有過不及之差焉則其所以去上聲人欲而復天理者無毫髮之遺恨矣○朱子曰至善只是極好處十分端正恰好無一毫不是處無一毫不到處且如事君必當如舜之所以事堯而後喚做敬治民必當如堯之所以治民而後喚做仁不獨如此凡理皆有箇極好處○陳氏曰所謂姑以至善目之者所以極形容其精微爾非謂精微之不爲善而借此以形容之也○又曰自其大者言之如仁敬慈孝即君臣父子所當止之處自其小者言之如足容重手容恭重與恭即手足所當止之處視思明聽思聰聰與明亦視聽所當止之處大抵大學一篇之指總而言之不出乎八事而八事之要總而言之又不出乎此三者此愚所以斷都玩反然以爲大學之綱

領而無疑也。然自孟子沒而道學不得其傳世之君子各以其意之所便者爲學於是乃有不務明其明德而徒以政教法度爲足以新民者。又有愛身獨善自謂足以明其明德而不屑乎新民者。又有略知二者之當務顧乃安於小成狃女九反於近利。而不求止於至善之所在者。是皆不考乎此篇之過。其能成己成物而不謬者鮮上聲矣朱子曰。不務明其明德而以政教法度爲足以新民。如管仲之徒便是。自謂能明其明德而不屑於新民。如佛老便是。略知明德新民而不求止於至善。如王通便是。看他於己分上亦甚脩飾。其論爲治本末亦有條理。甚有志於斯世。只是規模淺窄。不曾就本原上著工。便做不徹。須是無所不用其極方是。古之聖賢明明德便欲無一毫私欲。新民便欲人於事事物物上皆是當也。○玉溪盧氏曰。成己謂明德。成物謂新民。

不止至善。故不謬者鮮。○曰。程子之改親爲新也何所據。子之從之又何所考而必其然耶。且以己意輕改經文。恐非傳疑之義奈何。（新安倪氏曰。春秋穀梁傳云。信以傳信。疑以傳疑。此傳疑二字所本也）曰。若無所考而輒改之。則誠若吾子之譏矣。今親民云者。以文義推之則無理。新民云者。以傳（去聲）文考之則有據。程子於此其所以處（上聲）之者亦已審矣。矧未嘗去（上聲）其本文。而但曰某當作某。是乃漢儒釋經不得已之變例。而亦何害於傳疑耶。若必以不改爲是。則世蓋有承誤踵（之隴反）訛。（吾禾反）心知非是。而故爲穿鑿附會以求其說之必通者矣。其侮聖言而誤後學也益甚。亦何足取以爲

大學或問

法邪○曰：知止而后有定，定而后能靜，靜而后能安，安而后能慮，慮而后能得，何也？曰：此推本上文之意，言明德新民所以止於至善之由也。蓋明德新民固皆欲其止於至善，然非先有以知夫（音扶，下同）至善之所在，則不能有以得其所當止者而止之，如射者固欲其中（去聲，下同）夫正鵠（正音征，鵠音谷），然不先有以知其正鵠之所在，則不能有以得其所當中者而中之也。知止云者，物格知至而於天下之事皆有以知其至善之所在，是則吾所當止之地也。能知所止，則方寸之間事事物物皆有定理矣。新安陳氏曰：章句云知之則志有定向，此云事物皆有定理，合二說其義方備。能知所止，則此心光明，見得事物皆有定理。而志方有定向理既有定。則無以動其心而能靜矣。心既能靜。則無所擇於地而能安矣。能安則日用之閒從七恭反容閒音閑暇事至物來有以揆之而能慮矣。能慮則隨事觀理。極深研幾平聲無不各得其所止之地而止之矣。

問知止與能慮先生昨以比易中深與幾。或問中却兼下極深研幾字覺未穩。朱子曰。極深研幾。是更審一審。當時下得未子細。要之只著得研幾字。○陳氏曰。物果格而無一理之不窮無一見之不盡。則於天下之事所謂至善所當止者。皆灼然有以知之矣。○理既有定則心之所主更無外慕。凡外物皆無以動之。而能靜矣。身既能安。則向者知所當止之事物或接乎吾前。然既真而吾從容以應之。自能精於慮而不錯亂矣

知所止。則其必得所止。固已不甚相遠。其閒四節。蓋亦推言其所以然之故有此四者。非如孔子之志學以至

從心。孟子之善信以至聖神實有等級之相懸爲終身經歷之次序也朱子曰。如志學至從心。中間許多便是大階級。步却闊。知止至能得。只如志學至立。立至不惑。相似。定靜安大抵皆相類。只是就一級中間細分耳○某事當如此。某事當如彼。如君當仁。此是知止。事至物來。對著胷中恰好底道理。將這箇去應他。此是得其所止○曰。物有本末事有終始。知所先後。則近道矣。何也。曰。此結上文兩節之意也。明德新民兩物而內外相對。故曰本末。知止能得一事而首尾相因。故曰終始。誠知先其本而後其末。先其始而後其終也。則其進爲有序而至於道也不遠矣朱子曰。知工夫先後次第。則進爲有序。不忽近務遠。處下窺高。而其入道爲不遠矣。謂至道之近也○黃氏曰。知所先後。方是曉得爲學之道。未能遂得夫道也。然既知其進爲之序。則有至之階矣。故云去道不遠○曰。

古之欲明明德於天下者，先治其國；欲治其國者，先齊其家；欲齊其家者，先脩其身；欲脩其身者，先正其心；欲正其心者，先誠其意；欲誠其意者，先致其知；致知在格物。何也？

曰：此言大學之序，其詳如此，蓋綱領之條目也。格物、致知、誠意、正心、脩身者，明明德之事也；齊家、治國、平天下者，新民之事也。格物致知，所以求知至善之所在；自誠意以至於平天下，所以求得夫至善而止之也。朱子曰：格物致知，是求知其所止；誠意正心脩身至平天下，是求得其所止。物格知至，是知所止；意誠心正身脩家齊國治天下平，是得其所止。所謂明明德於天下者，自明其明德而推以新民，使天下之人皆有以明其明德也。人皆有以明其明德，則各誠其意各正其心，各脩其身，各親其親，各長（上聲，下同）其長，而天下無不平矣。○問：明德之功，果能若是，不亦善乎？然以堯舜之聖，閨門之内，或未盡化，況謂天下之大，能服堯舜之化而各明其德乎？朱子曰：大學明明德於天下，只是且說箇規模如此。學者須有如此規模，不如此，便是欠了。且如伊尹思匹夫不被其澤，如己推而納之溝中，伊尹也只大槩要恁地，又如何使得無一人不被其澤？又如說比屋可封也，須有一家半家不恁地者，只是見得自家規模自當如此，到做不去處，却無可奈何。規模自是著恁地，工夫便却用寸寸進。若無規模次第，只管去細碎處走，便入世之計功謀利處去；若有規模而又無細密工夫，又只是一箇空規模。外極規模之大，内推至於事事物物處，莫不盡其工夫，此所以爲聖賢之學。○新安陳氏曰：不言各格物致知者，民可使由，不可使知之意。

然天下之本在國，故欲平

也。親親長長，即齊家之大者。

天下者，必先有以治其國；國之本在家，故欲治國者，必先有以齊其家；家之本在身，故欲齊家者，必先有以脩其身。

至於身之主則心也。一有不得其本然之正，則身無所主。雖欲勉强（上聲，下同）以脩之，亦不可得而脩矣。故欲脩身者必先有以正其心。而心之發則意也。一有私欲雜乎其中，而爲善去（上聲）惡或有未實，則心爲所累，雖欲勉强以正之，亦不可得而正矣。故欲正心者必先有以誠其意。若夫（音扶）知則心之神明，妙衆理而宰萬物者也。人莫不有，而或不能使其表裏洞然無所不盡，則隱微之間，眞妄錯雜。雖欲勉强以誠之，亦不可得而誠矣。故欲誠意者必先有以致其知。致者，推致之謂。如喪致乎哀之致，言推之而至於盡也。朱子曰：神是恁地精彩，明是恁地光明。○道理固本有，用知方發得出來。所以謂之妙。衆理。妙猶言能運用衆理也。運用字有病。故只下得妙字。○問宰是主宰之宰。宰制之宰。曰。主便是宰。宰便是制。○問知如何宰物。曰。無所知覺。則不足以宰制萬物。要宰制他。也須要知覺。○心之爲物。至虚至靈。神妙不測。常爲一身之主。以提萬事之綱。而不可有頃刻之不存者也。一不自覺而馳騖飛揚以徇物欲於軀殼之外。則一身無主。萬事無綱。雖其俯仰顧盻之間。蓋已不自覺其身之所在。○黄氏曰。理是不動底物。不著妙字如何發得許多理出來。○陳氏曰。致知言表裏洞然。以心之内外而言。知不致則無以識是非善惡之眞。將從何而趨。從何而捨。必有錯認人欲作天理而不自覺者。○三山陳氏曰。欲意之誠而不始於致知。則有善否未明而誤於所向者多矣。推之而至於盡。盡有所用力之辭。○玉溪盧氏曰。心之神明。卽所得於天而虚靈不昧者也。心固具衆理而應事物。所以妙衆理而宰事物者。非心之神明乎。其表與裏洞然無不盡。則心之用與體無不明矣。神明字與虚靈字相爲表裏。虚主理言。靈兼氣言。先言虚後言靈。見心之體不離用。神兼氣言。明主理言。先言神後言明。見心之用不離體。○新安陳氏曰。心本神明之物。知又心之所以神明者。惟神明所以妙也。至於天下之物。則必各有所以然之故與其所當然之則。所謂理也。人莫不知。而或不能使其精粗隱顯究極無餘。則理所未窮。知必有蔽。雖或勉強以致之。亦不可得而致矣。朱子曰。所當然之則。如君之仁。臣之敬。所以然之故。如君何故用仁。臣何故用敬。如君之所以仁。蓋君是箇主腦。百姓人民皆屬他管。他自是用仁愛。非說是爲君了不得已以仁愛行之。自是合如此。若天使之然。又如父之所以慈子之所以孝。蓋父子本同一氣。只是一人之身分成兩箇。其恩愛相屬。自有不期然而然者。其他大倫皆然。皆天理使之如此。豈容強爲哉。○玉溪盧氏曰。粗也。顯也。即事物當然之則也。精也。隱也。即事物所以然之故也。○新安陳氏曰。所當然之則。理之實處。所以然之故。乃其上一層。理之源頭也。故致知之道。在乎即事觀理。以格夫物。格者。極至之謂。如格于文祖之格。見書。舜典。言窮之而至其極也。

括蒼葉氏曰。但能隨事觀理。盡與理會。卒之天下事物之理。不惟知得一件兩件。若隱若顯。蓋將無所不知矣。一事一物之間。不惟知得一分兩分。若精若粗。蓋將無所不知矣。此大學之條目。聖賢相傳所以教人爲學之次第。至爲纖悉。然漢魏以來。諸儒之論。未聞有及之者。至唐韓子名愈。字退之。乃能援音袁以爲說。而見形甸反於原道之篇。則庶幾其有聞矣。然其言極於正心誠意。而無曰致知格物云者。則是不探音貪其端而驟語其次。亦未免於擇焉不精。語焉不詳之病矣。何乃以是而議荀揚哉。韓文集。荀與揚也。擇焉而不精。語焉而不詳。○荀子名況。字卿。戰國時趙人也。揚子名雄。字子雲。西漢成都人也。各有所著之書。今傳於世。○朱子曰。原道舉大學。却不說格物致知。蘇氏古史舉中庸不獲乎上。却不說明善誠身。這樣都是無頭學問。○曰。物格而后知至。知至而后意誠。意誠而后心正。心正而后身脩。身脩而后家齊。家齊而后國治。國治而后天下平。何也。曰。此覆說上文之意也。物格者。事物之理各有以詣其極而無餘之謂也。理之在物者既詣其極而無餘。則知之在我者亦隨所詣而無不盡矣。知無不盡。則心之所發能一於理而無自欺矣。意不自欺。則心之本體物不能動而無不正矣。心得其正。則身之所處上聲不至陷於所偏而無不脩矣。身無不脩。則推之天下國家亦舉而措之耳。豈外此而求之智謀功利之末哉。曰。篇首之言明明德以新民爲對。則固專以自明爲言矣。後段於平天下者復扶又反以明明德言之則似新民之事亦在其中。何其言之不一而辨之不明邪。曰篇首三言者大學之綱領也。而以其賓主對待先後次第言之則明明德者又三言之綱領也。至此後段然後極其體用之全而一言以舉之以見形甸反夫音扶天下雖大而吾心之體無不該事物雖多而吾心之用無不貫。蓋必析之有以極其精而不亂然後合之有以盡其大而無餘。此又言之序也陳氏曰。天下事物無一之不格。幽明巨細有以洞灼其表裏。其知之至也。瑩萬理於胷中。是極其所眞是而不可移。非極其所眞非而不容易。善極其本之所由來而無不徹。惡極其幾之所從起而無少遁。物果格。知果至。由是而往。則意極其誠而無一念之或欺。心極其正而無一息之不存。身極其脩而無一動之或偏矣。此書首三言固當無所不盡。而所謂明明德者又通爲一篇之統體。又曰。體具於方寸之間。萬理無所不備。而無一物能出乎是理之外。用發於方寸之間。萬事無所不貫。而無一理不行乎其事之中。此心之所以爲妙○玉溪盧氏曰。言明明德與新民對。則大學之體用猶二。言明明德於天下。則大學之體用非二矣。吾心之體即明德之虛而具衆理者也。吾心之用即明德之靈而應萬事者也。能析之極其精而不亂。則知吾心之用無不貫矣。能合之盡其大而無餘。則知吾心之體無不該矣。不析之而遽欲合之。則有虛空恍惚之病。徒析之而不能合之。則有支離破碎之病。必析之極其精然後合之盡其大。此二句其義無窮。眞西山嘗誦此而繼之曰。小德川流。大德敦化。又繼之曰。吾道一以貫之。其旨深矣○曰。自天子以至於庶人。一是皆以脩身爲本。其本亂而末治者否矣。其所厚者薄而其所薄者厚。未之有也。何也。曰。此結上文兩節之意也。以身對天下國家而言。則身爲本而天下國家爲末。

以家對國與天下而言，則其理雖未嘗不一。然其厚薄之分，亦不容無等差（楚宜反）矣。故不能格物致知以誠意正心而脩其身，則本必亂而末不可治。不親其親，不長（上聲，下同）其長，則所厚者薄而無以及人之親長。此皆必然之理也。孟子所謂「於所厚者薄，無所不薄」，其言蓋亦本於此云。（三山陳氏曰：脩身者，自格物致知誠意正心而積也。不如是，則身不可脩。身之不脩，則其本亂矣。本之既亂，如國家何？事父母而不能孝，事兄長而不能弟，則是於其所厚者薄矣。所厚者猶薄，奚望其親天下之親、長天下之長哉？）

○曰：治國平天下者，天子諸侯之事也。卿大夫以下，蓋無與（音預）焉。今大學之教，乃例以明明德於天下爲言，豈不爲思出其位，犯非其分（去聲），而何以得爲如字爲去聲己之學哉。曰。天之明命。有生之所同得。非有我之得私也。是以君子之心。豁呼括反然大公。其視天下無一物而非吾心之所當愛。無一事而非吾職之所當爲。雖或勢在匹夫之賤。而所以堯舜其君堯舜其民者。亦未嘗不在其分去聲內也。又况大學之教。乃爲去聲天子之元子衆子。公侯卿大夫士之適。音的子。與國之俊選去聲而設。是皆將有天下國家之責而不可辭者。則其所以素教而預養之者。安得不以天下國家爲己事之當然。而預求有以正其本淸其源哉。後世教學不明。爲人君父者慮不足以及此。而苟徇於目前。是以天下之治去聲日常少。亂日常多。而敗國之君。亡家之主。常接迹於當世。亦可悲矣。論者不此之監。而反以聖法爲疑。亦獨何哉。大抵以學者而視天下之事。以爲己事之所當然而爲之。則雖甲兵錢穀籩豆有司之事。皆爲(去聲)己也。以其可以求知於世而爲之。則雖割股廬墓弊車羸(力爲反)馬。亦爲(去聲下同)人耳。善乎張子敬夫之言曰。(張子名栻。字敬夫。號南軒。廣漢人。乃朱子同志之友也)爲己者。無所爲而然者也。此其語意之深切。蓋有前賢所未發者。學者以是而日自省(悉井反)焉。則有以察乎善利之間而無毫釐之差矣。(問爲己爲人一條。朱子曰。這須要自看。如一日之間。小事大事。只道我合當做便如此做。這便是無所爲。如讀書只道自家合當如此讀。合當如此理會身己。纔說要人知。便是有所爲。如世上人纔讀書便安排這箇好做時文。此又爲人之甚者。○如甲兵錢穀籩豆有司。到當自家理會便理會。不是爲别人了理會。如割股廬墓。一是不忍其親之病。一是不忍其親之死。這都是爲己者。若因要人知了去恁地。便是爲人。○問割股事如何。曰。割股固自不是。若誠心爲之。不求人知。亦庶幾。今有以此要譽者。○南軒此言擴前聖所未發。而同於孟子性善養氣之功者歟。◯曰。子謂正經蓋夫子之言。而曾子述之。其傳去聲。後凡言傳文經傳之類皆同。則曾子之意而門人記之。何以知其然也。曰。正經辭約而理備。言近而指遠。非聖人不能及也。然以其無他左佐同驗。且意其或出於古昔先民之言也。故疑之。而不敢質。至於傳文。或引曾子之言。而又多與中庸孟子者合。則知其成於曾氏門人之手。而子思以授孟子無疑也。蓋中庸之所謂明善，即格物致知之功。其曰誠身，即誠意正心脩身之效也。孟子之所謂知性者，物格也。盡心者，知至也。存心養性脩身者，誠意正心脩身也。朱子曰：知性者物格也。物字對性字。盡心者知至也。知字對心字。○物理之極處無不到，知性也。吾心之所知無不盡，盡心也。其他如謹獨之云，不慊口簟、口劫二反之說，義利之分，常言之序。新安倪氏曰：孟子云：人有常言，皆曰天下國家。天下之本在國，國之本在家，家之本在身。此常言之序也。亦無不脗武粉反，又音泯合焉者。故程子以爲孔氏之遺書學者之先務，而論孟猶處上聲其次焉。亦可見矣。曰：程子之先是書，而後論孟，又且不及乎中庸，何也？曰：是書垂世立教之大典，通爲去聲天下後世而言者也。論孟應機接物之微言或因一時一事而發者也是以是書之規模雖大然其首尾該備而綱領可尋節目分明而工夫有序無非切於學者之日用論孟之爲教人雖切然而問者非一人記者非一手或先後淺深之無序或抑揚進退之不齊其間蓋有非初學日用之所及者此程子所以先是書後論孟蓋以其難易去聲下同緩急言之而非以聖人之言爲有優劣也至於中庸則又聖門傳授極致之言尤非後學之所易得而聞者故程子之教未遽及之豈不又以爲論孟既通然後可以及此乎蓋不先乎大學無以提挈綱領而盡論孟之精微不參之論孟

無以融貫會通而極中庸之歸趣，然不會其極於中庸，則又何以建立大本（盡性也）、經綸大經（立教也），而讀天下之書、論天下之事哉！以是觀之，則務講學者固不可不急於四書，而讀四書者又不可不先於大學亦已明矣。今之教者乃或棄此不務，而反以他說先焉，其不溺於虛空、流於功利而得罪於聖門者幾希矣。

或問：一章而下以至三章之半，鄭本元在「沒世不忘」之下，而程子乃以次於此「謂知之至也」之文，子獨何以知其不然，而遂以爲傳之首章也？曰：以經統傳，以傳附經，則其次第可知，而二說之不然審矣。○曰：然則其曰克明德者何也。曰。此言文王能明其德也。蓋人莫不知德之當明而欲明之。然氣稟拘之於前。物欲蔽之於後。是以雖欲明之而有不克也。文王之心渾然天理亦無待於克之而自明矣。然猶云爾者。亦見其獨能明之而他人不能。又以見夫音扶未能明者之不可不致其克之之功也。問克明德克能也。或問中却作能致其克之之功。又似克治之克如何。朱子曰。此克字雖訓能字。然克字重。是他人不能而文王獨能之。若只作能明德。語意便都弱了。凡字有文義一般而聲響頓異。如云克宅心。克明德之類可見。○人所以不能明其德者。何哉。蓋氣偏而失之太剛。則有所不克。氣偏而失之太柔。則有所不克。聲色之欲蔽之。則有所不克。貨利之欲蔽之。則有所不克。不獨此耳。凡有一毫之偏蔽得以害之。則有所不克。唯文王無氣稟物欲之偏蔽。故能有以勝之而無疑。○西山真氏曰。明德人所同有。其所以為聖愚之分者，但以克明與不能明之異爾。常人所以不能明者，一則以氣稟昏弱之故，二則以物欲蔽塞之故。雖是蔽塞之餘，若一旦憣悟，欲自明其德，亦無不可者，患在自暴自棄而不肯為耳。○格庵趙氏曰：文王自誠而明者，故其心渾然天理，表裏澄瑩，不待克之而自明。若大賢而下未能如文王，則不可無克之之功矣。

○曰：顧諟天之明命，何也？曰：人受天地之中以生，故人之明德非他也，即天之所以命我而至善之所存也。是其全體大用，蓋無時而不發見形甸反於日用之間。陳氏曰：於寂然不動之時，則合萬殊為一本，而渾然之全體常昭融於方寸之間。及感而遂通之際，則散一本為萬殊，而縱橫曲直莫非大用之所流行矣。又曰：天理本體常生生而無一息之已，而其大用亦無一息不流行乎日用之間。人惟不察於此，是以汩音骨於人欲而不知所以自明。常目在之，而真若見其參於前、倚於衡也，則成性存存而道義出矣問如何是體如何是用朱子曰體與用不相離且如身是體要起行去便是用赤子匍匐將入井皆有怵惕惻隱之心只此一端體用便可見如喜怒哀樂是用所以喜怒哀樂是體○若見其參前倚衡此豈有物可見但凡人不知省察常行日用每與是德相忘亦不自知其有是也今所謂顧諟者只是心裏常常存着此理一出言一行事皆必有當然之則不可失也初豈實有一物之可見其形象耶○問成性存存道義出矣何如曰天之所命我之所得於己只是一箇道理人只要存得這些在這裏才存得在這裏則事君必會忠事親必會孝見孺子入井則怵惕之心便發見穿窬之類則羞惡之心便發合恭敬處便自然會恭敬合辭遜處便自然會辭遜須要常存得此心則便見得此性發出底都是道理若不存得這些待做出那箇會合道理○西山眞氏曰成性者言天之與我者自有渾成之性如俗言見成渾淪之物是也我但當存之又存不令須刻失之則天下之道義皆從此出道義如事君忠事親孝之類○玉溪盧氏曰天地之中太極是已天之命我此也我之明德此也謂之至善亦此也道者體義者用成性存存而道義出則明德之全體大用無不明矣

○曰克明峻德何也曰言堯能明其大德也朱子曰人之爲德未嘗不明而其明之爲體亦未嘗不大但人自有以昏之是以既不能明而又自陷於一物之小唯堯爲能明其大德而無昏暗狹小之累是則所謂止於至善○玉溪盧氏曰能明其大德只是明明德到十分盡處非明德之外有峻德也○曰是三者固皆自明之事也然其言之亦有序乎曰康誥通言明德而已太甲則明天之未始不爲人而人之未始不爲天也帝典則專言成德之事而極其大焉其言之淺深亦略有序矣問天未始不爲人而人未始不爲天何也朱子曰只是言人性本無不善而其日用之間莫不有當然之則所謂天理也人若每事做得是則便合天理天人本一理若理會得此意則天何嘗大人何嘗小也○天即人人即天人之始生得於天也既生此人則天又在人矣凡語言動作視聽皆天也顧是常要看得光明燦爛照在目前○黃氏曰本文三引書乃斷章取義

以明經文明明德之意。其言之序，則自淺而深。最爲有用。克明德者，泛言之。曰顧諟，則言明之之功。曰明命，則言明德之故。次之曰峻德，加一峻字，則又見明德之極，乃所謂止於至善者也。

或問盤之有銘，何也？曰：盤者，常用之器。銘者，自警之辭也。古之聖賢兢兢業業，固無時而不戒謹恐懼。然猶恐其有所怠忽而或忘之也。是以於其常用之器，各因其事而刻銘以致戒焉。欲其常接乎目，每警乎心，而不至於忽忘也。曰：然則沐浴之盤，而其所刻之辭如此，何也？曰：人之有是德，猶其有是身也。德之本明，猶其身之本潔也。德之明而利欲昏之，猶身之潔而塵垢音茍汙音烏又去聲之也。一旦存養省悉井反察之功，真有以去上聲下同其前日利欲之昏而日新焉則亦猶其疏（平聲）瀹（音藥）澡（音早）雪而有以去其前日塵垢之污也然既新矣而所以新之之功不繼則利欲之交將復（扶又反下同）有如前日之昏猶既潔矣而所以潔之之功不繼則塵垢之集將復有如前日之污也故必因其已新而日日新之又日新之使其存養省察之功無少間斷（間去聲斷徒玩反後凡二字相連者並同）則明德常明而不復爲利欲之昏亦如人之一日沐浴而日日沐浴又無日而不沐浴使其疏瀹澡雪之功無少間斷則身常潔清而不復爲舊染之污也昔成湯所以反之而至於聖者正惟有得於此故稱其德者有曰不邇聲色

不殖（承職反）貨利。又曰以義制事，以禮制心。有曰從諫弗咈（音佛）。改過不吝。又曰與人不求備，檢身若不及。此皆足以見其日新之實。至於所謂聖敬日躋（牋西反）云者，則其言愈約而意愈切矣。（躋，升也。聖人能敬其德，日愈升於高明也。）然本湯之所以得此，又其學於伊尹而有發焉。故伊尹自謂與湯咸有一德，而於復（如字）政太甲之初，復（扶又反，下同）以終始惟一時乃日新爲丁寧之戒。蓋於是時，太甲方且自怨自艾（音乂）於桐，處（上聲）仁遷義而歸，是亦所謂苟日新者，故復推其嘗以告于湯者告之，欲其日進乎此，無所間斷，而有以繼其烈祖之成德也。其意亦深切矣。（朱子曰：成湯工夫全在敬字上。）

看來大段是箇脩飭底人故當時人說他做工夫處如云以義以禮不遹不殖等可見日新之功或問中所以詳載非說道人不知亦欲學者經心耳○格庵趙氏曰塵垢之汚其害淺利欲之昏其害深塵垢之汚人知求以去之而利欲之昏則不知所以去之唯聖人則以爲德之不可不新甚於身之不可不潔也且人之潔身也既知疏瀹澡雪以去前日塵垢之汚矣然其潔之之功不繼則塵垢復集將又如前日之汚故必日加疏瀹澡雪之功無少間斷而後其身常潔而不汚況欲去利欲之昏而復本然之明則存養省察之功其可一日而有間斷哉○玉溪盧氏曰不遹聲色等八句是敬之目聖敬日躋一句是敬之綱合而言之即顧諟明命之事也

其後周之武王踐阼存故反之初受師尚父丹書之戒曰尚父太公望呂氏詳見孟子離婁上篇敬勝怠者吉怠勝敬者滅義勝欲者從欲勝義者凶問從字意朱子曰從順也敬便立起怠便放倒以理從事是義不以理從事便是欲這處敬與義是箇體用○須是將敬來做本領涵養得貫通時纔敬以直內便義以方外義便有敬敬便

有義如居仁便由義由義便居仁○敬者守於此而勿失之謂義者施於彼而合宜之謂○西山眞氏曰武王之始踐阼也訪丹書於太公可謂急於聞道者矣而太公望所告不出敬與義之一言蓋敬則萬善俱立怠則萬善俱廢義則理爲之主欲則物爲之主上古聖人已致謹於此矣武王聞之若湯之戒懼而銘之器物以自警焉蓋恐斯須不存而怠與欲得乘其隙也○新安陳氏曰敬義對言其理甚精孔子於坤文言曰敬以直內義以方外實自此發

退而於其几席觴豆刀劍户牖莫不銘焉蓋聞湯之風而興起者今其遺語尚幸頗見形向反於禮書願治蠲之君志學之士皆不可以莫之考也

張氏存中曰大戴禮武王踐祚篇武王踐祚三日召師尚父而問焉曰黃帝顓帝之道可得而見與曰在丹書王欲聞之則齊矣王齊三日師尚父奉書而入道書之言曰敬勝怠者吉怠勝敬者滅義勝欲者從欲勝義者凶凡事不強則枉弗敬則不正枉者滅廢敬者萬世王聞書之言惕若恐懼而爲戒書於席四端爲銘焉銘曰安樂必敬無行可悔

一反一側。亦不可不志。殷監不遠。視爾所代。鑑銘曰。見爾前。慮爾後。盤銘曰。與其溺於人也。寧溺於淵。溺於淵猶可游也。溺於人。不可捄也。楹銘曰。毋曰胡殘。其禍將然。毋曰胡害。其禍將大。毋曰胡傷。其禍將長。牖銘曰。隨天之時。以地之財。敬祀皇天。敬以先時。劒銘曰。帶之以爲服。動必行德。行德則興。倍德則崩。倍與背同。銘凡十有四。今摘其辭義之易知者于此

曰。此言新民。其引此何也。曰。此自其本而言之。蓋以是爲自新之至。而新民之端也。○曰。康誥之言作新民。何也。曰。武王之封康叔也。以商之餘民染紂汚俗而失其本心也。故作康誥之書而告之以此。欲其有以鼓舞而作興之。使之振奮踴躍。以去其惡而遷於善。舍其舊而進乎新也。然此豈聲色號令之所及哉。亦自新而已矣。曰。孔氏小序以康誥爲成王周

公之書而子以武王言之何也曰此五峯胡氏之説也胡氏名宏字仁仲建安人文定公安國之子也其説見皇王大紀蓋嘗因而考之其曰朕弟寡兄云者皆爲武王之自言乃得事理之實而其他証亦多小序之言不足深信於此可見然非此書大義所關故不暇於致詳當别爲去聲讀書者言之耳○曰詩之言周雖舊邦其命惟新何也曰言周之有邦自后稷以來千有餘年至于文王聖德日新而民亦丕變新安陳氏曰此乃推本言之詩無日新丕變意蓋承上文日新作新説來故天命之以有天下是其邦雖舊而命則新也蓋民之視效在君而天之視聽在民君德既新則民德必新民德既新則天命之新

亦不旋日矣。問：天之視聽在民，與天視自我民視，天聽自我民聽，若有不同，如何？朱子曰：天豈曾有耳目以視聽？只是自民之視聽，便是天之視聽。如帝命文王，豈天諄諄然命之？只是文王要恁地，便是理合恁地，便是帝命之也。又曰：若一件事，民人皆以爲是，便是天以爲是；若民人皆歸往之，便是天命也。○曰：所謂君子無所不用其極者，何也？曰：此結上文詩書之意也。蓋盤銘言自新也，康誥言新民也，文王之詩自新新民之極也，故曰君子無所不用其極。極即至善之云也。用其極者，求其止於是而已矣。朱子曰：觀上文三引詩書，而此以無所二字總而結之，則於自新新民皆欲用其極可知矣。

或問：此引玄鳥之詩，何也？曰：此以民之止於邦畿，而明物之各有所止也。○曰：引緜蠻之詩而系以孔子之言，孔子何以有是言也曰此夫子說詩之辭也蓋曰鳥於其欲止之時猶知其當止之處豈可人爲萬物之靈而反不如鳥之能知所止而止之乎其所以發明人當知止之義亦深切矣○曰引文王之詩而繼以君臣父子與國人交之所止何也曰此因聖人之止以明至善之所在也蓋天生烝民有物有則是以萬物庶事莫不各有當止之所但所居之位不同則所止之善不一故爲人君則其所當止者在於仁爲人臣則其所當止者在於敬爲人子則其所當止者在於孝爲人父則其所當止者在於慈與國人交則其所當止者在於信是皆天理

人倫之極致發於人心之不容已者而文王之所以爲法於天下可傳於後世者亦不能加毫末於是焉但衆人類爲氣稟物欲之所昏故不能常敬而失其所止唯聖人之心表裏洞然無有一毫之蔽故連續光明自無不敬而所止者莫非至善不待知所止而後得所止也新安陳氏曰學者必先知所止而後方得所止聖人安於所止則不待先知而後得也故傳引此詩而歷陳所止之實使天下後世得以取法焉學者於此誠有以見其發於本心之不容已者而緝熙之使其連續光明無少間斷則其敬止之功是亦文王而已矣詩所謂上天之載無聲無臭儀刑文王萬邦作孚正此

意也。曰。子之說詩。既以敬止之止爲語助之辭。而於此書又以爲所止之義。何也。曰。古人引詩斷（音短）章。或姑借其辭以明己意。未必皆取本文之義也。曰。五者之目。詞約而義該矣。子之說乃復（扶又反）有所謂究其精微之藴而推類以通之者。何其言之衍而不切耶。曰。舉其德之要而總名之。則一言足矣。（一言。謂一字。如仁字敬字之類。）論其所以爲是一言者。則其始終本末。豈一言之所能盡哉。得其名而不得其所以名。則仁或流於姑息。敬或墮於阿諛。孝或陷父而慈或敗子。且其爲信。亦未必不爲尾生白公之爲也。（莊子。尾生與女子期於梁下。女子不來。水至不去。抱梁柱而死。梁。橋也。○左傳哀公十六年鄭人殺子木。楚平王太子建也。因遇讒出奔而至鄭其子曰勝在吳。子西欲召之。楚令尹子西曰。吾聞勝也信而勇不爲不利。葉公曰。葉音攝周仁之謂信。率義之謂勇。吾聞勝也好復言。言之所許必欲復行。不顧道理而求死士。殆有私乎。復言非信也。期死非勇也。子必悔之。弗從。使處吳竟。音境爲白公。白。楚邑也。邑宰僭稱公請伐鄭。子西許之。未起師。晉人伐鄭。楚救之。勝怒曰。鄭人在此。讎不遠矣。勝自厲劍。子期之子平見之曰。王孫何自厲也。曰。勝以直聞。不告女。音汝庸爲直乎。將以殺爾父。平以告子西。子西不悛。吳人伐慎。白公敗之。請以戰備獻。許之。遂作亂。殺子西子期于朝。又況傳之所陳。姑以見形甸反物各有止之凡例。其於大倫之目。猶且闕其二焉。苟不推類以通之。則亦何以盡天下之理哉。節齋蔡氏曰。所謂得其名而不得其所以名。若細推之。如爲人君止於仁。固同一仁也。然仁亦何止一端。生之育之固仁也。刑之威之亦仁也。若執著其仁之一端。不能隨處止其仁之所止。安得謂止於仁之至善。爲人臣止於敬。固同一敬也。然敬亦何止一端。鞠躬盡弊固敬也。陳善閉邪亦敬也。若執著其敬之一端。不能隨處止其敬之所止。安得謂止於敬之至善。為人子止於孝。固同一孝也。然孝亦何止一端。先意承志固孝也。幾諫不違亦孝也。若執著其孝之一端。不能隨處止其孝之所止。安得謂止於孝之至善。以至為人父止於慈、與國人交止於信。皆當如此。而又推類以及其餘。則凡天下之事無大無小。雖千條萬緒皆有以知其所當止而無不止於至善矣

○曰。復扶又反引淇澳之詩何也。曰。上言止於至善之理備矣。然其所以求之之方。與其得之之驗。則未之及。故又引此詩以發明之也。夫音扶如切如磋。言其所以講於學者已精而益求其精也。如琢如磨。言其所以脩於身者已密而益求其密也。此其所以擇善固執。擇善即講學之事。固執即脩身之事。日就月將而得止於至善之由也。朱子曰。如切如磋者道學也。如琢如磨者自脩也。既學而

猶慮其未至。則復講習討論以求之。猶治骨角者既切而復磋之。切是切得一箇璞在這裏似亦可矣。又磋之使至於滑澤。這是治骨角者之至善也。既脩而又慮其未至。則又省察克治以終之。猶治玉石者既琢而復磨之。琢是琢得一箇璞在這裏似亦得矣。又磨之使至於精細。這是治玉石者之至善也。取此以喻君子之止於至善。既格物以求知所止矣。又日用力以求得其所止焉○陳氏曰。切是窮究事物之理。逐件分析有倫有序。磋是講究到純熟處道理瑩徹。所以如切而又磋。琢是克去物欲之私。使無瑕纇。磨是磨礲至那十分純粹處。所以如琢而又磨○學是知止於至善所在。自脩是止於至善所在○西山眞氏曰。如切如磋道學也。主知而言。如琢如磨自脩也。主行而言。言致知力行當並進也。知到十分精處。而行處有一分未盡。亦未得爲至善。須是知極其至。行亦極其至。方謂之至善 恂慄者嚴敬之存乎中也。威儀者輝光之著乎外也。此其所以睟雖萃反面盎背施於四體。而爲止於至善之驗也。盛德至善。民不能忘。蓋人心之所同然。聖人既先得之。而其充盛宣著又如此。是以民皆仰之而不能忘也。盛德。以身之所得而言也。至善。以理之所極而言也。切磋琢磨。求其止於是而已矣。問切磋琢磨是學者事。而盛德至善乃指聖人言之。何也。朱子曰。後面說得来大。非聖人不能此。是連上文文王於緝熙敬止說。然聖人也不是揷手掉臂做到那處。也須學始得。如孔子所謂德之不脩。學之不講。聞義不能徙。不善不能改。是吾憂也。此有甚緊要。聖人却憂者何故。惟其憂之。所以爲聖人。所謂生而知之者。便只是知得此而已。故曰惟聖罔念作狂。惟狂克念作聖。○盛德至善言聖人事盡渾然一理不可得而分者。但以人言則曰德。以理言則曰善。又不爲無辨矣。曰。切磋琢磨何以爲學問自脩之別。彼列反也。曰。骨角脉理可尋而切磋之功易。去聲所謂始條理之事也。玉石渾上聲全堅確。克角反而琢磨之功難。所謂終條理之事也問切磋是始條理琢磨是終條理終條理較密否朱子曰始終條理都要密講貫而益講貫脩飾而益脩飾○問琢磨後更有瑟僩赫咺何故爲終條理之事曰那不是做工夫處是成就後氣象自如此○新安陳氏曰此與論語引詩之意異此以比講學之先後難易又證之以孟子之始終條理以見二者之當兼盡而不可偏廢也○曰引烈文之詩而言前王之沒世不忘何也曰賢其賢者聞而知之仰其德業之盛也親其親者子孫保之思其覆敷救反育之恩也朱子曰如孔子仰文武之德是賢其賢成康以後思其恩而保其基緒便是親其親樂其樂者含哺蒲故反鼓腹而安其樂也利其利者耕田鑿井而享其利也此皆先王盛德至善之餘澤故雖已沒世而人猶思之愈久而不能忘也上文之引淇澳以明明德之得所止言之而發

新民之端也。此引烈文，以新民之得所止言之，而著明明德之效也。朱子曰：淇澳言明明德而可以新民，以見明明德之極功；烈文因言非獨一時民不能忘，而後世之民亦不能忘，以見新民之極功。○曰：淇澳、烈文二節，鄭本元在誠意章後，而程子置之卒章之中，子獨何以知其不然而屬音蜀，下同之此也？曰：二家所繫文意不屬音燭，故有不得而從者。且以所謂道盛德至善沒世不忘者推之，則知其當屬乎此也。

或問：聽訟一章，鄭本元在止於信之後、正心脩身之前，程子又進而寘之經文之下、此謂知之至也之上。子不之從，而寘之於此，何也？曰：以傳之結語考之，則其爲釋本末之義可知矣。以經之本文乘之，則其當屬音蜀於此可見矣。二家之說有未安者，故不得而從也。曰：然則聽訟無訟於明德新民之義何所當也？曰：聖人德盛仁熟，所以自明者皆極天下之至善，故能大有以畏服其民之心志，而使之不敢盡其無實之辭，是以雖其聽訟無以異於衆人，而自無訟之可聽。蓋己德既明而民德自新，則得其本之明效也。或不能然，而欲區區於分爭辯訟之間，以求新民之效，其亦末矣。此傳者釋經之意也。陳氏曰：聽訟，末也；明德，本也。不能明己之德而專以智能決訟者，抑末矣。曰：然則其不論夫終始者何也？曰：古人釋經取其大略，未必如是之屑屑也。

且此章之下有闕文焉又安知其非本有而并失之也邪

或問此謂知本其一爲聽訟章之結語則聞命矣其一鄭本元在經文之後此謂知之至也之前而程子以爲衍文何也曰以其複(音福)出而他無所繫也曰此謂知之至也鄭本元隨此謂知本繫於經文之後而下屬(音蜀下同)誠意之前程子則去(上聲)其上句之複而附此句於聽訟知本之章以屬明德之上是必皆有說矣子獨何據以知其皆不盡然而有所取舍(上聲)於其間邪曰此無以他求爲也考之經文初無再論知本知至之云者則知屬之

經後者之不然矣。觀於聽訟之章，既以知本結之，而其中間又無知至之說，則知再結聽訟者之不然矣。且其下文所屬明德之章，自當爲傳文之首，又安得以此而先之乎。故愚於此皆有所不能無疑者。獨程子上句之所刪，鄭氏下文之所屬，則以經傳之次求之而有合焉。是以不得而異也。曰：然則子何以知其爲釋知至之結語，而又知其上之當有闕文也？曰：以文義與下文推之而知其釋知至也，以句法推之而知其爲結語也，以傳之例推之而知其有闕文也。

○曰：此經之序，自誠意以下，其義明而傳悉矣。獨其所謂格物致知者，字義不明，而傳復扶又反，下同闕焉，且爲最初用力之地，而無復上文語緒之可尋也。子乃自謂取程子之意以補之，則程子之言何以見其必合於經意，而子之言又似不盡出於程子，何邪？曰：或問於程子曰：學何爲而可以有覺也？程子曰：學莫先於致知，能致其知，則思日益明，至於久而後有覺爾。書所謂思曰睿，睿作聖，見周書洪範篇董子所謂勉強上聲，下同學問，則聞見博而智益明，正謂此也。西漢書董仲舒廣川人，以賢良對策曰：勉強學問，則聞見博而智益明；勉強行道，則德日起而大有功。此皆可使還至而立有效者也學而無覺，則亦何以學爲也哉？朱子曰：能致知，則思自然明，至於久而後有覺，是積累之多，自有箇覺悟時節。○格菴趙氏曰：知是識其所當然，覺是悟其所以然。○玉溪盧氏曰：覺者知至之事。思曰睿。所以致知。睿作聖。則知至矣。勉强學問。所以致知。聞見博智益明。則知至矣。或問忠信則可勉矣。而致知爲難柰何。程子曰。誠敬固不可以不勉。然天下之理不先知之。亦未有能勉以行之者也。故大學之序先致知而後誠意。其等有不可躐者。苟無聖人之聰明睿知。而徒欲勉焉以踐其行事之迹。則亦安能如彼之動容周旋無不中(去聲)禮也哉。惟其燭理之明。乃能不待勉彊而自樂(音洛下同)循理爾。夫(音扶下同)人之性本無不善。循理而行宜無難者。惟其知之不至。而但欲以力爲之。是以苦其難而不知其樂耳。知之而至。則循理爲樂。不循理爲不樂。何苦而不循理以害吾樂耶。昔嘗見有談虎傷人者，衆莫不聞。而其間一人神色獨變。問其所以，乃嘗傷於虎者也。夫虎能傷人，人孰不知。然聞之有懼有不懼者，知之有眞有不眞也。學者之知道，必如此人之知虎，然後爲至耳。若曰知不善之不可爲而猶或爲之，則亦未嘗眞知而已矣。（朱子曰：今人有知不善之不當爲及臨事又爲之，只是知之未至。人知烏喙之殺人不可食，斷然終於不食，是眞知之也。知不善不可爲而猶或爲之，是特未能眞知也。所以未能眞知者，緣於道理上只就外面理會，裏面却未理會得十分瑩淨。）此兩條者，皆言格物致知所以當先而不可後之意也。又有問進脩之術何先者，程子曰：莫先於正心誠意，然欲誠意必先致知，而欲致知又在格物。致，盡也；格，至也。凡有一物必有一理。窮而至之。所謂格物者也。然而格物亦非一端。如或讀書講明道義。或論古今人物而別彼列反其是非。或應接事物而處上聲其當去聲否。皆窮理也。曰。朱子曰。格物之理。所以致我之知○而今且只就事物上格去。如讀書便就文字上格。聽人說話便就說話上格。接物便就接物上格。精粗大小都要格。久後貫通。粗底便是精。小底便是大。這便是理之一本處○陳氏曰。事事物物固皆有理。而聖賢書中又見成理義所萃。而皆事物之則也。在初學者窮理工夫。先且就聖賢言語實處爲準則。於幽閒靜一之中虛心而詳玩。隨章逐句一一貫下講明工夫。果實有得。則是非邪正大分已明。而胷中權度稍定。然後次而及於論古今人物以相參質。則其褒貶去取方可有定論。最其後也。乃及於應接事物更相證訂。則其裁處剖決。方中節而不至於差謬。故以我之見有以照彼之情。而疊練感觸處有以長吾之見。內外交相發。將何所往而非吾窮格之益也。程子之言其有序矣曰。格物者。必物物而格

之耶。將止格一物而萬理皆通邪。曰。一物格而萬理通
雖顏子亦未至此。惟今日而格一物焉。明日又格一物
焉。積習既多。然後脫然有貫通處耳。朱子曰。一日一件者。格物工夫次第也。脫然貫通者。知至效驗極致也。不循其序而遽責其全。則爲自罔。但求粗曉而不期貫通。則爲自畫。程子此語便是眞實做工夫來。未說格一件後便貫通也。不說盡格得天下物理後方始通。只云積習既多。然後脫然有箇貫通處。○問一理通則萬理通。其說如何。曰。伊川嘗云。雖顏子亦未到此。天下豈有一理通便解萬理皆通。也須積累將去。如顏子高明。不過聞一知十。亦是大段聰明了。學問却有漸。無急迫之理。○窮理者。因其所已知而及其所未知。因其所已達而及其所未達。人之良知本所固有。然不能窮理者。只是足於已知已達而不能窮其未知未達。故見得一截。不曾又見得一截。此其所以於理未精也。然仍須工夫日日增加。今日既格得一物。明日又格得一物。工夫更不住地做。如左脚進得一步。右脚又進一步。右脚進得一步。左脚又進。接

續不已。自然貫通○問無事時見得是如此。臨事又做錯了如何。曰。只是斷置不分明。所以格物便要閑時理會。不是要臨時理會。閑時看得道理分曉。則事來時斷置自易。格物只是理會未理會得底。不是從頭都要理會。如水火。人自是知其不可蹈。何曾有錯去蹈水火。格物只是理會當蹈水火與不當蹈水火。臨事時斷置教分曉。程子所謂今日格一件。明日格一件。亦是如此○積習既多。自當脫然有貫通處。乃是零零碎碎湊合將來。不知不覺自然醒悟。其始固須用力。及其得之也又却不假用力。此箇事不可欲速。欲速則不達。須是慢慢做去

又曰。自一身之中以至萬物之理。理會得多。自當豁然有箇覺處。朱子曰。一身之中。是仁義禮智惻隱羞惡辭遜是非。與視聽言動。皆所當理會。至夫萬物之榮悴。與夫動植小大。這底是如何。那底是如何用。車之可以行陸。舟可以行水。皆當理會○玉溪盧氏曰。至豁然覺處。則一身之理與夫萬物之理。通貫而爲一矣

又曰。窮理者非謂必盡窮天下之理。又非謂止窮得一理便到。但積累魯水反後凡言

積累者音同多後自當脫然有悟處。問知至若論極盡處聖賢亦難言。如孟子未學諸侯喪禮與未詳班爵之制。朱子曰。如何要一切知得。然理會得已多。萬一有揷一件差異底事來。也識得他破。只是貫通。便不通底亦通將去。某舊亦有此疑。後看程子說格物非欲窮盡天下之理。積累多後自當脫然有悟處。方理會得。如十事已窮得八九。其一二雖未窮。將來湊合都自見得。○王氏曰。右三條皆要工夫多積。自能貫通覺悟。却自是三樣。第一是漸漸格。第二是合內外格。第三是不泛不漏格又曰。格物非欲盡窮天下之物。但於一事上窮盡。其他可以類推。至於言孝則當求其所以爲孝者如何。若一事上窮不得。且別窮一事。或先其易去聲者。或先其難者。各隨人淺深。譬如千蹊萬徑。皆可以適國。但得一道而入。則可以推類而通其餘矣。蓋萬物各具一理。而萬理同出一原。此所以可推而無不通也。朱子曰。既是教人類推。不是窮盡一事便了。且如盡得箇孝底道理。故忠可移於君。又須盡得忠。以至兄弟夫婦朋友。從此推之無不盡窮始得。○問程子若一事上窮不得且別窮一事之說。與中庸弗得弗措相發明否。曰。看來有一樣底。若弗得弗措。一向思量這箇。少間便會擔閣了。若謂窮一事不得便掉了別窮一事。又輕忽了。也不得。程子爲見學者有恁地底。不得已說此話。○問致之爲言推而致之以至於盡也。於窮不得處正當努力。豈可遷延逃避別求一事邪。曰。這是隨人之量。非曰遷延逃避也。蓋於此處既理會不得。若專一守在這裏。却轉昏了。須著別窮一事。又或可以因此而明彼也。○問伊川說與延平李先生說如何。曰。這說自有一項難窮底事。如造化禮樂度數等。卒急難曉。只得且放住。李先生說是窮理之要。若平常遇事。這一件理會未透。又理會第二件。第二件理會未得。又理會第三件。恁地終身不長進。○問千蹊萬徑。皆可以適國。國是譬理之一原處。不知從一事上便窮到一原處否。曰。也未解便至如此。只要以類而推。理固是一理。然其間曲折甚多。須是把這箇做樣子。却從這裏推去始得。且如事親固當盡其事之之道。若得於親是如何。不得於親又當如何。以此而推之於事君。則知得於君是如何。不得於君又當如何。推以事長亦是如此。推去莫不皆然○萬物皆有此理。理皆同出一原。但所居之位不同。則其理之用不一。如爲君須仁。爲臣須敬。爲子須孝。爲父須慈。物物各具此理。而物物各異其用。然莫非一理之流行者也。又曰。近而一身之中。遠而八荒之外。微而一草一木之衆。莫不各具此理。如此四人在坐。各有這箇道理。某不用假借於公。公不用求於某。然雖各有這一道理。又却同出於一箇理耳。如排數器水相似。這盂也是這樣水。那盂也是這樣水。各各滿足。不待求假於外。然打破放裏也只是這箇水。此所以可推而無不通也。所以謂格得多後自能貫通。只爲是一理○玉溪盧氏曰。一事上窮盡。他可類推。此貫通覺悟之機也。如言孝則求其所以爲孝者如何。此格物致知要法。一事上窮不得。且別窮一事。此格物致知活法。萬物各具一理。萬物各具之太極也。萬理同出一原。萬物統體之太極也。推而無不通。則有脫然豁然處矣

又曰。物必有理。皆所當窮。若天地之所以高深。鬼神之所以幽顯是也。若

曰天吾知其高而已矣。地吾知其深而已矣。鬼神吾知其幽且顯而已矣。則是已然之詞。又何理之可窮哉。又曰。如欲爲孝則當知所以爲孝之道。如何而爲奉養去聲之宜。如何而爲溫清七性反之節。禮記。凡爲人子者。冬溫而夏清。莫不窮究然後能之。非獨守夫音扶孝之一字而可得也。朱子曰。聖人言孝其實精粗本末只是一理。人皆有良知。而前此未嘗知者只爲不曾推去耳。愛親從兄誰無是心。於此推去則溫清定省之事亦不過是自其所知推而至於無所不知。皆由人推耳。○陳氏曰。如事親當孝。非是空守一箇孝字。必須窮格所以爲孝之理當如何。凡古人事親條目皆無一不講。然後可以實能盡孝。或問觀物察己者。豈因見物而反求諸己乎。曰。不必然也。物我一理。纔明彼即曉此。此合內外之道也。語其大天地之所以高厚語其小至一物之所以然皆學者所宜致思也曰然則先求之四端可乎曰求之情性固切於身然一草一木亦皆有理不可不察朱子曰天地之所以高厚一物之所以然只是舉至大與至細者言之學者之窮理無一物而在所遺也○問格物須合內外始得曰未嘗不合自家知得物之理如此則因其理之自然而應之便是合內外之理目前事事物物皆有至理如一草一木一禽一獸皆有理草木春生秋殺好生惡死仲夏斬陽木仲冬斬陰木皆是順陰陽道理自家知得萬物均氣同體見生不忍見死聞聲不忍食肉非其時不伐一木不殺一獸胎不殀不覆巢此便是合內外之道又曰致知之要當知至善之所在如父止於慈子止於孝之類若不務此而徒欲汎然以觀萬物之理則吾恐其如大軍之遊騎出太遠而無所歸也朱子曰格物之論伊川意雖謂眼前無非是物

然其格之也。亦須有緩急先後之序。如今爲學而不窮天理。明人倫。論聖言。通世故。乃兀然存心於一草木器用之間。此是何學問。○天下之理偪塞滿前。耳之所聞目之所見無非物也。若之何而窮之哉。須當察之於心。使此心之理既明。然後於物之所在從而察之。則不至於汎濫矣。○致知一章是大學最初下手處。若理會透徹。後面便容易。故程子此處說得節目甚多。皆是因人之資質了說。雖若不同。其實一也。見敏者太去理會外事。則教之去父慈子孝上理會。曰若不務此而徒泛觀萬物之理。恐如遊騎出太遠而無所歸。見人專去裏面理會。則教之以求之性情固切於身。然一草木亦皆有理。要之內事外事皆是自己合當理會底。但須是六七分去裏面理會。三四分去外面理會方可。若是工夫中半時。亦自不可。況在外面工夫多在內工夫少邪。此尤不可也

又曰。格物莫若察之於身。其得之尤切。

朱子曰。前既說當察物理。不可專在性情。至此又言莫若察之於身爲尤切。皆是互相發處。○王氏曰。前數條是推開去用工。此兩條是收歸來用工。皆隨人偏處教他。

此九條者皆言格物致知所當用力

之地與其次第工程也。玉溪盧氏曰。用力之地者。讀書應接事物之類是也。次第工程者。今日格一物明日又格一物之類是也。又曰。格物窮理但立誠意以格之。其遲速則在乎人之明暗耳。問知至而後意誠。而程子又云格物窮理但立誠意以格之。何也。朱子曰。此誠字說較淺。未說得深處。只是確定其志。朴實去做工夫。如胡氏立志以定其本便是這意。此與經文誠意之說不同也。又曰。誠意不立。如何能格物。所謂立誠意者。只是要著實下工夫。不要若存若亡。遇一物。須是眞箇即此一物究極得箇道理了。方可言格。若物格而後知至。知至而後意誠。大學蓋言其所止之序。其始則必在於立誠○玉溪盧氏曰。立誠意。即主敬之謂。又曰。入道莫如敬。未有能致知而不在敬者。朱子曰。今人將持敬致知來做兩事。持敬時只塊然獨坐。更不做去思量。却是今日持敬。明日去思量道理也。豈可如此。但一面自持敬。一面自思量道理。二者本不相妨○莫若且收斂身心。盡掃雜慮。令其光明洞達。方能作得主宰。方能見理。又曰。涵養須用敬。進

學則在致知。朱子曰。學者工夫惟在居敬窮理二事。此二事互相發。能窮理。則居敬工夫日益進。能居敬則窮理工夫日益密。○問涵養在致知之先。曰。涵養合下在先。古人從少以敬涵養。父兄漸教之讀書識義理。今若說待涵養了方去致知。也無限期。須兩下用工。○涵養本原。思索義理。須用齊頭做。方能互相發。程子下須字在字。便是要齊頭著力。○問涵養體認致知力行。雖云互相發明。然畢竟當於甚處著力。曰。四者不可先後。又不可無先後。須當以涵養爲先。若不涵養而專於致知。則是徒然思索。若專於涵養而不致知。則却鶻突去了。以某觀之。四事只是三事。蓋體認便是致知也。○無事時且存養在這裏。提撕警覺不要放肆。到那講習應接。便當思量義理。用義理做將去。無事便著存養收拾此心

又曰。致知在乎所養。養知莫過於寡欲。問養知是既知後如此養否。朱子曰。此不分先後。未知之前若不養之。此知如何養得。既知之後若不養。又差了。不可道未知之前便不必如此。○致知者。推致其知識而至於盡也。將致知者必先有以養其知。有以養之。則所見益明。所得益固。欲養其知者。惟寡欲而已矣。欲寡。則無紛擾

之雜而知益明矣無變遷之患而得益固者矣又曰二者自是箇兩頭說話本若無相干但得其道則交相爲養失其道則交相爲害○玉溪盧氏曰欲致知在有所養知既至又不可無所養欲多則心無所養而知昏欲寡則心有所養而知明又曰格物者適道之始思欲格物則固已近道矣是何也以收其心而不放也新安陳氏曰纔思量要格物便已近道只就格物上便可收其放心此條與上四條微不同此五條者又言涵養本原之功所以爲格物致知之本者也凡程子之爲說者不過如此其於格物致知之傳詳矣問程子致知格物之說不同曰當時答問各就其人而言之今須是合就許多不同處來看作一意爲佳且如既言不必盡窮天下之物又云一草一木亦皆有理今若以一草一木上理會有甚了期但其間有積習多後自當脫然有貫通處者爲切當耳今以十事言之若理會得七八件則那兩三件觸類可通若四旁都理會得則中間所未通者其道理亦是如此蓋長

短小大自有準則。如忽然遇一件事來時必知某事合如此。某事合如彼則此方來之事亦有可見者矣。聖賢於難處之事只以數語盡其曲折。後人皆不能易者。以其於此理素明故也。又曰。所謂格物者。常人於此理或能知一二分。即其一二分之所知者推之直要推到十分窮得來無去處方是格物。○問伊川說格物致知許多項當如何看。曰。說得已自分曉。如初問說知覺及誠敬。固不可不勉。然天下之理。必先知之而後有以行之。這許多說不可不格物致知。中間說物物當格及反之吾身之說。却是指出格物箇地頭如此。又曰。此項兼兩意。又見節次格處。自立誠意以格之以下。却是做工夫合如此。又曰。用誠敬涵養爲格物致知之本今也尋其義理既無可疑。考其字義亦皆有據。至以他書論之。則文言所謂學聚問辨（易文言。學以聚之。問以辨之。寬以居之。仁以行之）中庸所謂明善擇善。孟子所謂知性知天。又皆在乎固守力行之先。而可以驗（夫音扶）大學始教之功爲有在乎此也。愚嘗反覆考之而有以信其必然。是以竊取其意以補傳文之缺。不然。則又安敢犯不韙之罪。爲無證之言。以自託於聖經賢傳之間乎。韙音偉。是也。犯不韙之說。出春秋左氏傳曰。然則吾子之意亦可得而悉聞之乎。曰。吾聞之也。天道流行。此以理言造化發育。此以氣言凡有聲色貌象而盈於天地之間者。皆物也。既有是物。則其所以爲是物者。莫不各有當然之則而自不容已。是皆得於天之所賦。而非人之所能爲也。○朱子曰。物乃形氣。則乃理也。物之理方爲則。理之所當爲者。自不容已。如孩提之愛。及長知敬。自有住不得處。○問。人物之生。莫不得其所以生者。以爲一身之主。是此性隨所生處便在否。曰。一物各具一太極。天生烝民。有物有則。蓋視有當視之則。聽有當聽之則。如是而視。如是而聽。便是。不如是而視。不如是而聽。便不是。謂如視遠惟明。聽德惟聰。能視遠謂之明。所視不遠不謂之明。能聽德謂之聰。所聽非德不謂之聰。視聽是物。聰明是則。推之至於口之於味。鼻之於臭。莫不各有當然之則。所謂窮理者。窮此而已。○玉溪盧氏曰。物者形而下之器。則者形而上之道。形而上者不出於形而下者之外。所謂有物必有則也。今且以其至切而近者言之。則心之爲物實主於身。其體則有仁義禮智之性。其用則有惻隱羞惡恭敬是非之情。渾上聲然在中。隨感而應。各有攸主而不可亂也。西山真氏曰。圓外竅中者。心之形體。可以物言。備具衆理神明不測者。此心之理。不可以物言。然有此形體。方包得此理。○玉溪盧氏曰。心之爲物主於身。形而下者也。其體用性情。形而上者也。渾然在中。其體初無仁義禮智之分。隨感而應。其用始有惻隱等四者之別。仁爲惻隱之主。義爲羞惡之主。禮智爲恭敬是非之主。而皆不可亂。所謂則也。次而及於身之所具。則有口鼻耳目四肢之用。又次而及於身之所接，則有君臣、父子、夫婦、長幼、朋友之常，是皆必有當然之則，而自不容已，所謂理也。玉溪盧氏曰：耳目等乃吾身所具之物，君臣等乃吾身所接之物。口容止，口之則也；氣容肅，鼻之則也；聽思聰，視思明，耳目之則也；非禮勿動，四肢之則也；君臣有義，是君臣之則；父子有親，是父子之則；有別、有序、有信，是夫婦、長幼、朋友之則。皆所謂有物必有則也。吾心之則，乃此身體統一太極；吾身所具所接者之則，乃物物各具一太極也。其體統者乃各具者之所自出，其各具者初未嘗在體統者之外也。外而至於人，則人之理不異於己也；遠而至於物，則物之理不異於人也；極其大，則天地之運、古今之變不能外也；盡於小，則一塵之微、一息之頃不能遺也。格菴趙氏曰：一塵之微，一息之頃，不能遺者，理無物不在，無時不然。大而天地之一開一闔，古今之一否一泰；小而一塵之或飛或伏，一息之或呼或吸，皆此理之所寓。

也。○新安陳氏曰。天地及一塵是橫說。古今及一息是直說。是乃上帝所降之衷。書湯誥。惟皇上帝。降衷于下民。烝民所秉之彝。詩烝民。民之秉彝。劉子所謂天地之中。左傳成公十三年。劉康公成肅公會晉侯伐秦。劉成。食采之邑名。康肅皆其謚也。成子受脤于社不敬。脤市軫反。宜社之肉也。劉子曰。吾聞之。民受天地之中以生。所謂命也。是以有動作禮義威儀之則以定命也。能者養之以福。不能者敗以取禍。夫子所謂性與天道。子思所謂天命之性。孟子所謂仁義之心。程子所謂天然自有之中。程子曰。楊子拔一毛不爲。墨子又摩頂放踵爲之。此皆是不得中。至如子莫執中。欲執此二者之中。不知怎麽執得。識得則事事物物上皆天然有箇中在那上。不待人安排也。安排著。則不中矣。張子所謂萬物之一原。張子名載。字子厚。家于鳳翔府郿縣橫渠鎮。世號橫渠先生。○正蒙誠明篇。性者萬物之一原。非有我之得私也。邵子所謂道之形體者。邵子名雍。字堯夫。謚康節。河南人。○性者道之形體。見擊壤集序 但其氣質有淸濁偏正之殊物欲有淺深厚薄之異。是以人之與物。賢之與愚相與懸絕而不能同耳。問降衷秉彝一段。其名雖異。要之皆是一理。朱子曰。誠是一理。豈可無分別。須各曉其名字訓義之所以異。方見其所謂同。○衷字只是箇無過不及之中。是箇恰好底道理。天生人物。箇箇有一副當恰好無過不及道理降與你。今人言折衷。折衷者以中爲則而取其正也。天生烝民有物有則。則字却似中字。天之生此物必有箇當然之則。故民執之以爲常道。所以無不好此懿德。降衷于下民。緊要在降字上。故自天而言謂之降衷。自人受此衷而言則謂之性。緣各據來處與受處而言也。○問彝而言秉何也。曰。渾然一理具于吾心不可移奪。君秉執然。○問劉子云天地之中。程子云天然自有之中。此中字同否。曰。天地之中是未發之中。天然自有之中是時中。天地之中是指道體。天然自有之中是指事物之理。○性與天道。性便是自家底。天道便是上面腦子。其流行者是天道。人得之爲性。○諸先生說這道理。邵子說得最著實。這道理空虛無形影。惟是說性者道之形體。却見得實。只反諸吾身求之。是實有這道理。還是無這道理。故嘗爲之說曰。欲知此道之實有者。當求之吾性分之內。邵子忽自於擊壤集序內說出幾句云。性者道之形體也。心者性之郛郭也。身者心之區宇也。物者身之舟車也。此說極好○氣質清濁偏正。本正蒙中語。亦是將人物賢不肖智愚相對而分言之如此。若大槩而論。則人清而物濁。人正而物偏。又細論之。則智乃清之清。賢乃正之正。愚乃清之濁。不肖乃正之偏。而張子所謂物有近人之性者。又濁之清偏之正者也。物欲淺深厚薄。乃通爲衆人而言○陳氏曰。天命卽天道之流行而賦予於物者。受於天而爲我所有。故謂之性。又曰。道者事物中所當然之理。人之所共由者也。性卽在我之理具於吾心。而道之所總會也。所謂形體。正如此○西山眞氏曰。詩謂秉彝。言衆民皆秉執此常理。孟子謂仁義之心。言人旣得陰陽之理以爲性。則自然有仁義之心。只舉仁義二字者。仁包禮義包智故也。禮是仁之著。智是義之藏。程子所謂天然之中。言凡百事物皆有箇恰好底道理。不可過不可不及也。張子所謂萬物之一原。凡人物之性皆以其理之同。故以一自此流出。如百川之同一原也人之心，而於天下萬物之理無不能知。以其稟之異，故於其理或有所不能窮也。理有未窮，故其知有不盡。知有不盡，則其心之所發必不能純於義理，而無雜乎物欲之私。此其所以意有不誠，心有不正，身有不脩，而天下國家不可得而治也。昔者聖人蓋有憂之，是以於其始教，爲之小學，而使之習於誠敬，則所以收其放心、養其德性者已無所不用其至矣。玉溪盧氏曰：此格物致知之本原。及其進乎大學，則又使之即夫音扶事物之中，因其所知之理推而究之，以各到乎其極，則吾之知識亦得以周遍精切而無不盡也。若其用力之方，則或考之事爲之著，或察

之念慮之微。問關於事爲者不外乎念慮。而入於念慮者往往皆是事爲。此分爲二項意如何。朱
子曰。固是都相關。然也有做在外底。也有念慮方動底。念慮方動。便須辨別那箇是正。那箇是不正。這只就始
末上大約如此說。問只就著與微上看。曰。有箇顯有箇微或求之文字之中。或索山客
及之講論之際。玉溪盧氏曰。此四句格物致知之條目使於身心性情之
德人倫日用之常。以至天地鬼神之變。鳥獸草木之宜。
自其一物之中。莫不有以見其所當然而不容已。與其
所以然而不可易者。朱子曰。今人未嘗看見當然而不容已者。只是就上較量一箇好惡
耳。如眞見得這底是我合當爲。則自有所不可已者矣。如爲臣而必忠。非是謾說如此。蓋爲臣不可以不忠。爲
子而必孝。亦非是謾說如此。蓋爲子不可以不孝也。○問所以然而不可易者。是指理而言。所當然而不容已
者。是指人心而言否。曰。下句只是指事而言。凡事固有所當然而不容已者。然又當求其所以然者何故。其所

以然者理也。理如此。故不可易。又如人見赤子入井皆有怵惕惻隱之心。此其事所當然而不容已者也。然其所以如此者何故。必有箇道理之不可易者。○陳氏曰。在身謂手容合當恭。足容合當重之類。在心。如體合當寂。用合當感之類。性。如仁合當愛。義合當斷之類。情。如見赤子入井合當惻隱。見大賓客合當恭敬之類。人倫。如君合當止仁。臣合當止敬之類。日用。如居處合當恭。執事合當敬之類。天地。如天合當高。地合當厚。鬼神二氣。如陽合當伸。陰合當屈。鳥獸。如牛合當耕。馬合當乘。草木。如春合當生。秋合當殺等類。皆有理存乎其間也。○西山真氏曰。如爲君當仁。臣當敬之類。乃道理合當如此。不如此則不可。故曰所當然。然仁敬等非是人力强爲。有生之初。即稟此理。是乃天之所與也。故曰所以然。知所當然是知性。知所以然是知天。謂知其理所自來也。必其表裏精粗無所不盡。而又益推其類以通之。至於一日脫然而貫通焉。則於天下之物。皆有以究其義理精微之所極。玉溪盧氏曰。極即至善之謂而吾之聰明睿智亦皆有以極其心之本體而無不盡矣。朱子曰。不可盡者心之事。可盡者心之理。理既盡後。謂如一物初不曾識。來到面前便識得此物。盡吾心之理。○新安陳氏曰。此格物致知之效驗此愚之所以補乎本傳闕文之意。雖不能盡用程子之言。然其指趣要歸則不合者鮮上聲矣。讀者其亦深考而實識之哉。曰。然則子之爲學不求諸心而求諸迹不求之內而求之外。吾恐聖賢之學不如是之淺近而支離也。曰。人之所以爲學心與理而已矣。心雖主乎一身。而其體之虛靈足以管乎天下之理。理雖散在萬物。而其用之微妙實不外一人之心。初不可以內外精粗而論也。問用之微妙是心之用否。朱子曰。理必有用。何必又說是心之用乎。心之體具乎是理。理則無所不該而無一物之不在。然其用實不外乎人心。蓋理雖在物而用實在心也然或不知此心之靈而無以存之則昏昧雜擾而無以窮衆理之妙。不知衆理之妙而無以窮之則偏狹固滯偏一作徧而無以盡此心之全。此其理勢之相須蓋亦有必然者。是以聖人設教使人默識此心之靈而存之於端莊靜一之中以爲窮理之本。使人知有衆理之妙而窮之於學問思辨之際以致盡心之功。巨細相涵動靜交養。初未嘗有内外精粗之擇。及其眞積力久而豁然貫通焉則亦有以知其渾然一致。而果無内外精粗之可言矣。今必以是爲淺近支離而欲藏形匿影別爲一種上聲幽深恍惚艱難阻絶之論。務使學者莽（模黨反）然措其心於文字言語之外。而曰道必如此然後可以得之。則是近世佛學詖淫邪遁之尤者。而欲移之以亂古人明德新民之實學。其亦誤矣

問陸象山不取伊川格物之說。以為若隨事討論則精神易弊。不若但求之心。心明則無不照。其說亦似省力。朱子曰。不去隨事討論。便聽他胡做。話便信口說。脚便信步行。冥冥地去。都不管他。○節齋蔡氏曰。盡心者。言其心之所存更無一毫之不盡也。然若要盡得。須先知得。所以學者要先窮理也。又曰。存此心於端莊靜一之中以立其本。窮此理於學問思辨之際以達其用。反之於身以踐其實。則巨細相涵。動靜交養。及其真積力久而豁然融會。然後可以造乎一之妙。○陳氏曰。古人每言學必欲其博。所以極盡乎此心無窮之量也。所謂盡心者。須是盡得箇極大無窮之量。無一理之或遺。方是實能盡得心。○西山真氏曰。存心窮理二者當表裏用工。蓋知窮理而不知存心。則思慮紛擾。物欲交攻。此心昏亂。如何窮理。但知存心而不務窮理。雖能執持靜定

亦不過如禪家之空寂而已。故必二者交進。則心無不正。理無不通。學之大端惟此而已○端莊主容貌言。靜一主心言。表裏交正之義。合而言之則敬而已○玉溪盧氏曰。存心於端莊靜一。主敬之工夫也。窮理於學問思辨。格致之工夫也。臣以此心言。細以衆理言。動以格物工夫言。靜以主敬工夫言。豁然貫通而果無內外精粗之可言。則明德明矣

○曰。近世大儒有爲格物致知之說者曰。格猶扞音汗也。禦也。能扞禦外物而後能知至道也。問溫公以格物爲扞格之格。不知格字有訓扞義否。朱子曰。亦有之。如格鬬之格是也 又有推其說者曰。人生而靜。其性本無不善。而有爲不善者。外物誘音酉之也。所謂格物以致其知者。亦曰扞去上聲外物之誘。而本然之善自明耳。孔周翰說是其爲說不亦善乎。曰。天生烝民。有物有則。則物之與道。固未始相離去聲也。格菴趙氏曰。物與理

未嘗相離。若離物以求理。則空虛而無據。豈得一切扞而去之令曰禦外物而後可以知至道。則是絕父子而後可以知孝慈。離（如字）君臣而後可以知仁敬也。是安有此理哉。若曰所謂外物者不善之誘耳。非指君臣父子而言也。則夫（音扶）外物之誘人。莫甚於飲食男女之欲。然推其本則固亦莫非人之所當有而不能無者也。但於其間自有天理人欲之辨而不可以毫釐（力之反正作氂）差耳。（問飲食之間。孰為天理。孰為人欲。朱子曰。飲食者天理也。要求美味。人欲也）惟其徒有是物而不能察於吾之所以行乎其間者孰為天理。孰為人欲。是以無以致其克復之功。而物之誘於外者得以奪乎天理之本然也。令不即物以窮其原而徒惡去聲物之誘乎己。乃欲一切扞而去上聲之。則是必閉口枵虛驕反腹。然後可以得飲食之正。絶滅種上聲類。然後可以全夫婦之別筆列反也。是雖裔以制反戎無君無父之教。有不能充其說者。況乎聖人大中至正之道。而得以此亂之哉。○曰。自程子以格物爲窮理。而其學者傳之見形甸反於文字多矣。是亦有以發其師說而有助於後學者耶。曰。程子之說。切於己而不遺於物。本於行事之實而不廢文字之功。極其大而不略其小。究其精而不忽其粗。學者循是而用力焉。則既不務博而陷於支離。亦不徑約而流於狂妄。既不舍上聲其積累之漸。

而其所謂豁然貫通者，又非見聞思慮之可及也。新安陳氏曰：務博陷於支離，博物洽聞之徒。經約流於狂妄，禪學頓悟之徒。二句說盡世人爲學之弊。是於說經之意，德之方，其亦可謂反復芳服反，亦作覆，後凡言反復音同。詳備而無俟於發明矣。朱子曰：博學亦非欲求異聞雜學，方謂之博，博之與約，初學且須作兩途理會。一面博學，又自一面持敬守約，莫令兩下相靠，須兩路進前用工，塞斷中間，莫令相通，將來成時便自會有通處。若不如此，兩下用工，成甚次第？若其門人雖曰祖其師說，然以愚考之，則恐其皆未足以及此也。蓋有以必窮萬物之理同出於一爲格物，知萬物同出乎一理爲知至，如合內外之道，則天人物我爲一；通晝夜之道，則死生幽明爲一；達哀樂音洛好惡並去聲之情，則人與鳥獸魚鼈爲一；

求屈伸消長（上聲）之變則天地山川爲一者似矣。（呂與叔說）然其欲必窮萬物之理而專指外物則於理之在己者有不明矣。但求衆物比類之同而不究一物性情之異則於理之精微者有不察矣。不欲其異而不免乎四說之異必欲其同而未極乎一原之同則徒有牽合之勞而不睹貫通之妙矣。其於程子之說何如哉。又有以爲窮理只是尋箇是處然必以恕爲本而又先其大者則一處理通而觸（樞玉反）處皆通者。（謝顯道說）其曰尋箇是處者則得矣。而曰以恕爲本則是求仁之方而非窮理之務也。又曰先其大者則不若先其近者之切也。又曰一處通而一切通。則又顏子之所不能及。程子之所不敢言。非若類推積累之可以循序而必至也。朱子曰。謝氏尋箇是處之說甚好。與呂與叔必窮萬物之理同出於一為格物。知萬物同出乎一理為知至。其所見大段不同。但尋箇是處者。須是於其一二分是處。直窮到十分是處。方可又有以為天下之物不可勝平聲窮。然皆備於我而非從外得也。所謂格物亦曰反身而誠。則天下之物無不在我者。是亦似矣。楊中立說然反身而誠乃為物格知至以後之事。言其窮理之至無所不盡。故凡天下之理反求諸身皆有以見其如目視耳聽手持足行之畢具於此。而無毫髮之不實耳。固非以是方為格物之事。亦不謂但務反求諸身。而天下之理自然無不誠也。中庸之言明善。即物格知至之事。其言誠身。即意誠心正之功。故不明乎善。則有反諸身而不誠者。其功夫地位固有序而不可誣矣。今爲格物之說。又安得遽以是而爲言哉。又有以今日格一物。明日格一物爲非程子之言者。尹彥明說則諸家所記程子之言。此類非一。不容皆誤。且其爲說。正中庸學問思辨弗得弗措之事。無所咈音佛於理者。不知何所病而疑之也。豈其習於持敬之約。而厭夫音扶下同觀理之煩耶。抑直以已所未聞而不信他人之所聞也。夫持敬觀理不可偏廢。程子固已言之。若以已偶未聞而遂不之信。則以有子之似聖人。

而速貧速朽之論，猶不能無待於子游而後定。今又安得遽以一人之所未聞，而盡廢衆人之所共聞者哉？禮記檀弓。有子問於曾子曰。問當作聞喪去聲於夫子乎。喪謂失位去國曰。聞之矣。喪欲速貧。死欲速朽。有子曰。是非君子之言也。曾子曰。參也與子游聞之。有子曰。然。然則夫子有爲去聲言之也。曾子以斯言告於子游。子游曰。甚哉有子之言似夫子也。昔者夫子居於宋。見桓司馬宋向戌之孫名魋自爲石槨。三年而不成。夫子曰。若是其靡也。死不如速朽之愈也。死之欲速朽。爲桓司馬言之也。南宮敬叔反。魯仲孫閱嘗失位去國而得反必載寶而朝。夫子曰。若是其貨也。喪不如速貧之愈也。喪之欲速貧。爲敬叔言之也。曾子以子游之言告於有子。有子曰。然。吾固曰非夫子之言也

又有以爲物物致察，而宛轉歸己，如察天行以自强，察地勢以厚德者，亦似矣。胡安國說然其曰物物致察，則是不察程子所謂不必盡窮天下之物也。

又曰宛轉歸己則是不察程子所謂物我一理纔明彼即曉此之意也。又曰察天行以自强察地勢以厚德則是但欲因其已定之名擬其已著之迹而未嘗如程子所謂求其所以然與其所以爲者之妙也。獨有所謂即事即物不猒不棄而身親格之以精其知者爲得致字向裏之意。而其曰格之之道必立志以定其本居敬以持其志志立乎事物之表敬行乎事物之内而知乃可精者。胡仁仲說又有以合乎所謂未有致知而不在敬者之指。但其語意頗傷急迫既不能盡其全體規模之大又無以見其從七恭反容潛玩積久貫通之功耳。朱子曰身親格之之說得親字急迫不成是倩人格○此段本說得精然却有病者只說得向裏來不曾說得外面所以語意頗傷急迫蓋致知本廣大須說得表裏內外周遍兼該方得其曰志立乎事物之表敬行乎事物之內此語極好而曰知乃可精便有局促氣象他須要就這裏便精其知殊不知致知之道不如此急迫須是寬其程限大其度量久久自然通貫他只說得裏面一邊極精遺了外面一邊所以其規模之大不如程子且看程子所說今日格一物明日格一物積久自貫通此言該內外寬緩不迫有涵泳從容之意所謂語小天下莫能破語大天下莫能載也○問立志以定其本居敬以持其志曰人之為事必先立志以為本志不立則不能為得事雖能立志苟不能居敬以持之此心亦泛然而無主悠悠終日亦只是虛言立志必須高出事物之表而居敬則常存於事物之中令此敬與事物皆不相違言也須敬動也須敬坐也須敬頃刻去他不得嗚呼程子之言其答問反復之詳且明也如彼而其門人之所以為說者乃如此雖或僅有一二之合焉而不免於猶有所

未盡也。是亦不待七十子喪（去聲）而大義已乖矣。（出家語後序）

尚何望其能有所發而有助於後學哉。（朱子曰：程子說更不可易。其當初於呂謝楊尹說段段錄出，句句比對，逐字稱停過，方見程子說攧撲不破，諸說挨著便成粉碎，諸說皆失了程子意。此正是入門款，於此既差，他可知矣。○程子諸門人說得都差，不曾精曉程子之說，亦緣當時諸公所聞於程子者語意不全，所以多差。後來集諸家語錄湊起衆說，此段工夫方是渾全。然則當時親炙未爲全幸，生先生之後者未爲不幸也。）間獨惟念昔聞延平先生之教，（李先生名侗，字愿中，延平人，朱子之師也。）以爲爲學之初且當常存此心，勿爲他事所勝。凡遇一事，即當且就此事反復推尋以究其理，待此一事融釋脫落，然後循序少進而別窮一事。如此既久，積累之多，胸中自當有洒然處，非文字言語之所及也。詳味此言。雖其規模之大。條理之密。若不逮於程子。然其功夫之漸次。意味之深切。則有非他說所能及者。惟嘗實用力於此者。爲能有以識之。未易去聲以口舌爭也。格菴趙氏曰。程子言若一事窮未得。且別窮一事。延平則言且就一事推尋。待其融釋脫落。然後別窮一事。其言不同。蓋程子以人心各有明處。有暗處。若就明處推去。則易爲力。非謂一事未窮得。而可貳以二參以三也。若延平則專爲不能主一者之戒。讀者不可以辭害意

曰。然則所謂格物致知之學。與世之所謂博物洽聞者。奚以異。曰。此以反身窮理爲主。而必究其本末是非之極摯。與至同彼以徇外誇多爲務。而不覈下革反其表裏眞妄之實。然必究其極。是以知愈博而心愈明。不覈其實。是以識愈多而心愈窒。

涉力反此正爲去聲下同己爲人之所以分不可不察也潛室陳氏曰。格物致知。研窮義理。心學也。記誦博識。口耳外馳。喪志之學也。二者正相反

或問六章之旨。其詳猶有可得而言者邪。曰。天下之道二。善與惡而已矣。然揆厥所元而循其次第。則善者天命所賦之本然。惡者物欲所生之邪穢也。是以人之常性莫不有善而無惡。其本心莫不好去聲下同善而惡惡上去聲。下如字。此後可惡其惡惡之不惡而惡好惡並去聲然既有是形體之累。而又爲氣稟之拘。是以物欲之私得以蔽之。而天命之本然者不得而著。其於事物之理。固有瞢莫中反然不知其善惡之所在者。亦有僅識其粗而不能眞知其可好可惡

之極者。夫音扶。下同不知善之眞可好，則其好善也雖曰好之，而未能無不好者以拒之於内。不知惡之眞可惡，則其惡惡也雖曰惡之，而未能無不惡者以挽音晚之於中。是以不免於苟焉以自欺，而意之所發有不誠者。北溪陳氏曰：造化流行，生育賦與，更無别物，只是箇善而已。所謂善者，以實理言。人受得此理以爲善，亦本善而無惡。如一外好善而内不好善，外惡惡而内不惡惡，便是不眞實。一等未實見道理人，雖分明有好善之心，終是不能徹表裏。須是眞知善惡分明，然後有眞好眞惡之切。夫好善而不誠，則非唯不足以爲善，而反有以賊乎其善。惡惡而不誠，則非唯不足以去上聲惡，而適所以長上聲乎其惡。是則其爲害也，徒有甚焉，而何益之有哉。聖人於此，蓋有憂之，故爲大學之教而必首之以格物致知之目以開明其心術使既有以識夫善惡之所在與其可好可惡之必然矣至此而復扶又反進之以必誠其意之說焉則又欲其謹之於幽獨隱微之奥以禁止其苟且自欺之萌而凡其心之所發如曰好善則必由中及外無一毫之不好也如曰惡惡則必由中及外無一毫之不惡也夫好善而中無不好則是其好之也如好好色之眞欲以快乎己之目初非爲去聲人而好之也惡惡而中無不惡則是其惡之也如惡惡臭之眞欲以足乎己之鼻初非爲人而惡之也新安陳氏曰慊字兼快足之義此以快與足分屬好惡言之蓋對舉而互相備也所發之實既

如此矣而須臾之頃纖芥之微念念相承又無敢有少間斷焉則庶乎內外昭融表裏澄澈而心無不正身無不脩矣意誠則心正身脩之本皆已在此故於此便究言之若彼小人幽隱之間實爲不善而猶欲外託於善以自蓋則亦不可謂其全然不知善惡之所在但以不知其眞可好惡而又不能謹之於獨以禁止其苟且自欺之萌是以淪陷至於如此而不自知耳此章之說其詳如此是固宜爲自脩之先務矣然非有以開其知識之眞則不能有以致其好惡之實故必曰欲誠其意者先致其知又曰知至而后意誠然猶不敢恃其知之已至而聽其所自爲也故又

曰必誠其意必謹其獨而毋自欺焉則大學工夫次第相承首尾爲一而不假他術以雜乎其間亦可見矣後此皆然今不復扶又反重平聲出也後此皆然如意誠而后心正意既誠又不可不正其心心正而后身脩倣此○曰然則慊之爲義或以爲少又以爲恨與此不同何也曰慊之爲字有作嗛口簟反者而字書以爲口銜物也然則慊亦但爲心有所銜之義而其爲快爲足爲恨爲少則以所銜之異而別筆列反下同之耳孟子所謂慊於心樂毅所謂慊於志則以銜其快與足之意而言者也史記列傳樂毅遺燕惠王書曰自五伯音霸以來功未有及於先王者也先王以爲慊於志先王燕昭王也孟子所謂吾何慊漢書所謂嗛栗姬

史記西漢外戚傳。景帝立齊栗姬男爲太子。王夫人男爲膠東王。長公主嫖有女欲與太子爲妃。栗姬謝不許。長公主欲與王夫人。夫人許之。會薄皇后廢。長公主日譖栗姬短。景帝嘗屬諸姬曰。吾百歲後。善視之。栗姬怒不肯應言不遜。景帝心銜之而未發也。長公主日譽王夫人男之美。帝亦自賢之。王夫人知嫌栗姬。又陰使人趣大臣立栗姬爲皇后。大臣奏事文曰。子以母貴。母以子貴。今太子母宜號爲皇后。帝怒曰。是乃所當言耶。遂案誅大臣。而廢太子爲臨江王。栗姬以憂死。卒立王夫人爲皇后。男爲太子則以銜其恨與少之意而言者也。朱子曰。字有同一義而二用者。如銜字或爲銜恨或爲銜恩亦同此義讀者各隨所指而觀之則既並行而不悖矣。字書又以其訓快與足者讀與愜同。則義愈明而音又異。尤不患於無別也。

或問人之有心本以應物。而此章之傳以爲有所喜怒憂懼使爲不得其正。然則其爲心也。必如槁木之不復扶又反下同生。死灰之不復然。乃爲得其正邪。曰。人之一心。湛丈減反然虛明。如鑑之空。如衡之平。以爲一身之主者。固其眞體之本然。眞體。乃其本體之不雜於人僞者也而喜怒憂懼。隨感而應。妍蚩尺之反俯仰。因物賦形者。亦其用之所不能無者也。故其未感之時。至虛至靜。所謂鑑空衡平之體。雖鬼神有不得窺其際者。固無得失之可議。及其感物之際。而所應者。又皆中去聲節。則其鑑空衡平之用。流行不滯。正大光明。是乃所以爲天下之達道。亦何不得其正之有哉。唯其事物之來。有所不察。應之既或不能無失。且又不能不與俱往。則其喜怒憂懼必有動乎中者。而此心之用始有不得其正者耳。朱子曰。人心如一箇鏡。先未有一箇影象。有物事來方始照見妍醜。若先有箇影象在裏面。如何照得。人心本是湛然虛明。事物之來。隨感而應。自然照得高下輕重。事過便當依前恁地虛。方得。若事未來。先有一箇忿懥好樂恐懼憂患之心在這裏。及忿懥好樂恐懼憂患之事到來。又以這心相與衮合。便失其正。事了。又只若留在這裏。如何得正。○北溪陳氏曰。感自外入。以彼物之至吾前而言。應由中出。以此心之接彼物而言。○節齋蔡氏曰。鑑之空。方能照人。若先有人形滯其中。則人之繼至者不復可得而照矣。衡之平。方能稱物。若先有物重滯於上。則物之繼至者不復可得而稱矣。以鑑空衡平喻心體之虛明。最爲精切。○陳氏曰。此章只是四者感物而應不中其節。則此心便爲四者所動而不得其正矣。若世俗心慮昏昏。莫克主宰。體用動靜。無復準則。目隨物視。耳隨物聽。行信足步。言信口說矣。○西山眞氏曰。鑑空衡平之體用。切須玩味。蓋未應物時。此心只要清明虛靜。不可先有一物。如鑑未照物。只是一箇空。如衡未稱物。只是一箇平。此乃心之本體即喜怒哀樂未發之中。所謂鑑空衡平之體也。及事物之來。隨感而應。因其可喜而喜。可怒而怒。在我本未嘗先有此心。但隨物所感而應之耳。故其發無不中節。此所謂鑑空衡平之用也。○徽菴程氏曰。未發之前。氣未用事。心之本體不待正而後正。發而中節。則心之用無不正。亦不待正之而後正。夫有不正而後正。心體靜而未發。何待於正乎。惟此心之用發不中節。始有不正而待於正耳。章句曰。用之所行或失其正。或問曰。此心之用不得其正。未嘗言體之不正也。惟經之或問有曰。不得其本然之正。曰心之本體物不能動而無不正。或者遂執之以為正心乃靜時工夫。如中庸未發之中。太極圖之主靜。而經之所謂定靜安也。傳之心不在焉。乃心不在腔子裏時也。殊不知聖人教人多於動處用功。格致誠正脩皆教人用功於動者。定靜安亦非但言心之靜也。若靜時工夫。則戒謹恐懼而已。存之養之守之而已。不待乎正其所不正也。聖賢之動。固主乎靜。元亨誠之通。固主乎利貞誠之復。而誠正脩云者。正誠通之事。既誠正而脩矣。始有誠復之明。若當誠意之後。厭動而求靜。棄事而寘心。收視反聽而曰吾將以正心焉。此乃異端之事。

非吾儒事也。況心不在焉。亦曰心不在視則視而不見。心不在聽則聽而不聞。豈靜在腔中之謂哉。或問所謂本然本體。亦指此心之義理而言。孟子言本心。亦指仁義之心而言。豈一於靜之謂乎〇玉溪盧氏曰。湛然虛明者。心之體。隨感而應者。心之用。如鑑之空。則妍蚩因物。而空者自如。如衡之平。則俯仰因物。而平者自若。眞體之本然。吾心之太極也。隨感而應。則本體之眞在在呈露。而太極亦無不在矣。未感之時。鬼神不得窺其際。乃天下之大本。是明德之體。寂然不動者也。寂之中有能感者存。感物之際。流行不滯。正大光明。乃天下之達道。是明德之用。感而遂通者也。感之中未嘗無寂者存　傳者之意。固非以心之應物便爲不得其正。而必如枯木死灰。然後乃爲得其正也。惟是此心之靈。旣曰一身之主。苟得其正而無不在是。則耳目鼻口四肢百骸。莫不有所聽命以供其事。而其動靜語默出入起居。唯吾所使。而無不合於理。如其不然，則身在於此，而心馳於彼，血肉之軀，無所管攝，其不爲仰面貪看鳥、回頭錯應人者，幾（平聲）希矣。（所引二句，乃杜子美詩。）孔子所謂操則存、舍則亡，孟子所謂求其放心，從其大體者，蓋皆謂此。學者可不深念而屢省（悉井反）之哉！

或問：八章之辟，舊讀爲譬，而今讀爲僻，何也？曰：舊音舊說，以上章例之而不合也，以下文逆之而不通也，是以間者竊以類例文意求之，而得其說如此。蓋曰人之常情，於此五者一有所向，則失其好（去聲，下同）惡（去聲，下於惡、好惡同）之平，而陷於一偏，是以身有不脩，不能齊其家耳。蓋偏於愛，則溺焉而不知其惡矣；偏於惡，則阻焉而不知其善矣。

是其身之所接。好惡取舍上聲之間將無一當去聲於理者。而況於閨門之內。恩常掩義。亦何以勝其情愛暱尼質反比音鼻之私。而能有以齊之哉。北溪陳氏曰。治家非如治國。治國可用刑威。治家則刑威不可得而施。只是公其心而已。○格菴趙氏曰。閨門之內。義常不勝乎恩。情愛暱比之私。尤所難克。使一有偏焉。則長幼親疏。欲其心之齊一。不可得矣。蓋至近至密之地。一毫之僞無所容欺。此常情之所易忽。而君子之所甚謹也曰。凡是五者皆身與物接所不能無。而亦既有當然之則矣。今曰一有所向便爲偏倚。而身不脩。則是必其接物之際。此心漠然都無親疏之等貴賤之別。筆列反然後得免於偏也。且心既正矣。則宜其身之無不脩。今乃猶有若是之偏。何哉。曰。不然也。此章之義實承上章。其立文命意大抵相似。蓋以爲身與事接而後或有所偏。非以爲一與事接而必有所偏。所謂心正而后身脩。亦曰心得其正。乃能脩身。非謂此心一正。則身不待檢而自脩也。朱子曰。大學所以有許多節次。正欲教人逐節用功。非如一無節之竹。使人才能格物。便知平天下也。人蓋有意誠而心未正者。故於忿懥等誠不可不隨事而排遣。有心正而身未脩者。故於好惡間誠不可不隨人而節制。齊家以下。皆是教人省察用功。故經之序但言心正者必自誠意而來。脩身者必自正心而來。非謂意既誠則心無事乎正。心既正則身無事乎脩也。○曰。親愛賤惡畏敬哀矜。固人心之所宜有。若夫音扶敖惰。則凶德也。曾謂本心而有如是之則哉。曰。敖之爲凶德也。正以其先有是心。不度待洛反所施而無所不敖爾。若因人之可敖而敖之亦則是常情所宜有而事理、之當然也。今有人焉。其親且舊未至於可親而愛也。其位與德未至於可畏而敬也。其窮未至於可哀。而其惡未至於可賤也。其言無足去上聲取。而其行去聲無足是非也。則視之泛然如塗之人而已爾。又其下者。則夫子之取瑟而歌。孟子之隱去聲几而卧。蓋亦因其有以自取。而非吾故有敖之之意。亦安得而遽謂之凶德哉。又況此章之旨。乃爲去聲慮其因有所重而陷於一偏者發。其言雖曰有所敖惰。而其意則正欲人之於此更加詳審。雖曰所當敖惰。而猶不敢肆其敖惰之心也。亦何病哉或問如保赤子何也。曰。程子有言。赤子未能自言其意。而爲之母者慈愛之心出於至誠。則凡所以求其意者雖或不中（去聲）而不至於大相遠矣。豈待學而後能哉。若民則非如赤子之不能自言矣。而使之者反不能無失於其心。則以本無慈愛之實。而於此有不察耳。傳之言此蓋以明夫（音扶）使衆之道不過自其慈幼者而推之。而慈幼之心。又非外鑠（式約反）而有待於强（上聲）爲也。事君之孝事長之弟。亦何以異於此哉。既舉其細則大者可知矣

細。謂慈。大。謂孝弟。○三山陳氏曰。長民者往往不得下之情。蓋亦視之不切於己。不若慈母之心耳。孝弟與慈初無二心。苟自切己推之。則舉慈可以見孝弟矣

○曰。仁讓言家。貪戾言人。何

也。曰。善必積而後成。惡雖小而可懼。古人之深戒也。書所謂爾惟德罔小。萬邦惟慶。爾惟不德罔大。墜厥宗。亦是意爾。朱子曰。惟德罔小。言其不可小也。○三山陳氏曰。爲惡之効。捷於爲善。仁讓必積而刑於一家。而後可以化一國。貪戾則纔出於一人之身。而一國已作亂矣。見爲善者不可無悠久之積。爲惡者不可有斯須之暫也。○曰。此章本言上行下效。有不期然而然者。今曰有諸己而后求諸人。無諸己而後非諸人。則是猶有待於勸勉程督音篤。察也。勸也。而后化。且内適自脩。而遽欲望人之皆有己。方僅免。而遂欲責人以必無也。曰。此爲去聲治其國者言之。則推吾所有。與民共由。其條教法令之施。賞善罰惡之政。固有理所當然。而不可已者。但以所令反其所好則民不從。故又推本言之。欲其先成於己而有以責人。固非謂其專務脩己都不治人。而拱手以俟其自化。亦非謂其矜己之長愧人之短。而脅之以必從也。故先君子之言曰。文公父。名松。字喬年。號韋齋先生。有諸己不必求諸人。以爲求諸人而無諸己則不可也。無諸己不必非諸人。以爲非諸人而有諸己則不可也。正此意也。玉溪盧氏曰。有諸己而求諸人。無諸己而非諸人者。恕也。求諸人而無諸己則不可。非諸人而有諸己則不可者。必先有忠而後有恕也。曰。然則未能有善而遂不求人之善。未能去上聲惡而遂不非人之惡。斯不亦恕而終身可行乎哉。曰。恕字之旨。以如心爲義。蓋曰如治己之心以治人。如愛己之心以愛人。而非苟然姑息之謂也。然人之爲心必嘗窮理以正之。使其所以治己愛己者皆出於正。然後可以即是推之以及於人。而恕之爲道有可言者。故大學之傳最後兩章始及於此。則其用力之序亦可見矣。至即此章而論之。則欲如治己之心以治人者又不過以强（上聲，下同）於自治爲本。蓋能强於自治至於有善而可以求人之善無惡而可以非人之惡。然後推己及人。使之亦如我之所以自治而自治焉則表端景正。（景即影字，古只作景，至晉葛洪始加彡）源潔流清而治己治人無不盡其道矣。所以終身力此而無不可行之時也。今乃不然。而直欲以其不肖之身爲標準，視吾治教所當及者，一以姑息待之。不相訓誥，不相禁戒，將使天下之人皆如己之不肖而淪胥以陷焉，是乃大亂之道，而豈所謂終身可行之恕哉。近世名卿之言有曰（范純仁字堯夫，謚忠宣公）：人雖至愚，責人則明；雖有聰明，恕己則昏。苟能以責人之心責己，恕己之心恕人，則不患不至於聖賢矣。此言近厚，世亦多稱之者。但恕字之義本以如心而得，故可以施之於人，而不可以施之於己。今曰恕己則昏，則是已知其如此矣，而又曰以恕己之心恕人，則是既不知自治其昏，而遂推以及人，使其亦將如我之昏而後已也。乃欲由此以入聖賢之域。豈不誤哉。藉令（平聲）其意但爲欲反此心以施於人。則亦止可以言下章愛人之事。而於此章治人之意與夫（音扶）中庸以人治人之說。則皆有未合者。蓋其爲恕雖同。而一以及人爲主。一以自治爲主。則二者之間毫釐之異。正學者所當深察而明辨也。若漢之光武。亦賢君也。一旦以無罪黜其妻。其臣郅（音質）惲（委粉反）不能力陳大義以救其失。而姑爲緩辭以慰解之。是乃所謂不能三年而緦功是察。放飯流歠而齒決是憚者。光武乃謂惲爲善恕己量主。則其失又甚遠。而大啓爲人臣者不肯責難陳善以賊其君之罪。一字之義有所不明。而

其禍乃至於此。可不謹哉。後漢書郅惲傳。郭皇后廢。光武之后。以寵衰數懷懟而廢

惲乃言於帝曰。臣聞夫婦之好。父不能得之於子。況臣能得之於君乎。是臣所不敢言。雖然。願陛下念其可否之計。無令天下有議社稷而已。帝曰。惲善恕己量主。知我必不有所左右而輕天下也○問如心爲恕。朱子曰。如比也。比自家心上推去。仁之與恕。只爭些子。自然底是仁。比而推之便是恕○問范忠宣以恕己恕人。此語固有病。但上文先言以責人之心責己。則連下句亦未害。曰。上句自好。下句自不好。蓋才恕己。便已不是。若橫渠云。以愛己之心愛人。則盡仁。以責人之心責己。則盡道。語便不同。蓋恕是推去底。我有是善。亦要他人有是善。推此計度之心。此乃恕也。於己不當下恕字○玉溪盧氏曰。心必窮理以正之者。格物致知之事。治己愛己皆出於正者。誠意正心脩身之事。即是推之以及人者。齊家治國平天下之事也。治己愛己皆出於正。是盡己之忠。即是推之以及於人。是推己之恕。忠者體。恕者用。表端源潔。忠也。景正流清。恕也。忠者。明德之事。恕者。新民之事。大學之道。一忠恕而已。此章言治國。下章言治國平天下。皆明明德之推。而恕之事也。此章之義。則欲

如治己之心以治人。下章絜矩之義，則欲如愛己之心以愛人。蓋治國乃平天下之本，故此章以治人言。下章以愛人言。義各有攸當也。○新安陳氏曰：大學傳至治國平天下章方言恕。觀此言恕，則隱然見脩身以前之當言忠矣。盧氏之説正是。即後之言以發明前之所未言者也。○曰：既結上文而復扶又反引詩者三，何也？曰：古人言必引詩，蓋取其嗟嘆咏歌，優游饜飫依據反，有以感發人之善心，非徒取彼之文證此之義而已也。夫音扶以此章所論齊家治國之事，文具而意足矣。復三引詩，非能於其所論之外別有所發明也，然嘗試讀之，則反覆吟咏之間，意味深長，義理通暢，使人心融神會，有不知手舞而足蹈者，是則引詩之助與音預為多焉。蓋不獨此，他凡引詩云者，皆以是求之，則引者之意可見，而詩之爲用亦得矣。曰：三詩亦有序乎？曰：首言家人，次言兄弟，終言四國，亦刑于寡妻，至于兄弟，以御于家邦之意也。新安陳氏曰：所引詩見大雅思齊篇。孟子嘗引之。集註云：御，治也。於御字無音。詩傳云：御，迎也。於御字音牙嫁反。當依集註如字讀。

或問：上章論齊家治國之道，既以孝弟慈爲言矣，此論治國平天下之道，而復扶又反以是爲言，何也？曰：三者，人道之大端，衆心之所同得者也。自家以及國，自國以及天下，雖有大小之殊，然其道不過如此而已。但首章專以己推而人化爲言，此章又申言之，以見形甸反反人心之所同而不能已者如此。是以君子不唯有以化之。而又有以處上聲下同之也。新安陳氏曰。老老長長恤孤躬行於上。而民興孝弟不倍於下。是有以化之。絜矩是乃處之之道也。蓋人之所以爲心者。雖曰未嘗不同。然貴賤殊勢。賢愚異禀。苟非在上之君子眞知實踐有以倡尺亮反之。則下之有是心者亦無所感而興起矣。以上詳說有以化之幸其有以倡焉而興起矣。然上之人乃或不能察彼之心。而失其所以處之之道。則彼其所興起者或不得遂。而反有不均之歎。是以君子察其心之所同而得夫音扶絜矩之道。然後有以處此而遂其興起之善端也。以上詳說有以處之曰。何以言絜之爲度待洛反下同也。曰。此莊子所謂絜之百圍賈子所謂度長絜大者也。莊子名周人間世篇。匠石之齊至于曲轅見社櫟樹其大蔽牛。絜之百圍。註。絜。圍束也。是將一物圍束以爲之則也。賈子名誼。西漢洛陽人過秦論試使山東之國與陳涉度長絜大。比量權力則不可同年而語矣前此諸儒蓋莫之省悉井反而強上聲訓以挈口結反殊無意謂先友太史范公名如圭。文公父韋齋之友乃獨推此以言之。而後其理可得而通也。蓋絜度也。矩所以爲方也。以己之心度人之心。知人之所惡去聲下同者不異乎己。則不敢以己之所惡者施之於人。使吾之身一處乎此。則上下四方物我之際各得其分去聲不相侵越。而各就其中校音教其所占之地。則其廣狹長短文皆平均如一。截然方正。而無有餘不足之處。去聲是則所謂絜矩者也。夫音扶為天下國家而所以處心制事者一出於此。則天地之間將無一物不得其所。而凡天下之欲為孝弟不倍者。皆得以自盡其心而無不均之歎矣。天下其有不平者乎。然君子之所以有此。亦豈自外至而強上聲為之哉。亦曰物格知至。故有以通天下之志而知千萬人之心。即一人之心。意誠心正。故有以勝一己之私。而能以一人之心為千萬人之心。其如此而已矣。

格庵趙氏曰。天下之志萬殊。理則一也。物格知至者能燭理。則視衆人之心猶一心。而明絜矩之義。公則一致。私則萬殊。意誠心正者能克己。一有私意存則以一心為衆人之心。而盡絜矩之道。

乎其間則一膜（音莫）之外便爲胡越雖欲絜矩亦將有所隔礙（牛代反）而不能通矣若趙由之爲守則易（去聲）尉而爲尉則陵守王肅之方於事上而好（去聲）人佞己推其所由蓋出於此而充其類則雖桀紂盜跖（音隻）之所爲亦將何所不至哉（史記酷吏傳周陽由者其父趙兼以淮南王舅父侯周陽故因姓周陽氏由爲郎事孝文及景帝景帝時爲郡守武帝即位吏治尚循謹甚然由居二千石中最爲酷暴驕恣所居郡必夷其豪爲守視都尉如令爲令必陵太守奪之治由後爲河東都尉時與其守勝屠公（勝屠即申屠也）相告言罪勝屠公當抵罪義不受刑自殺而由棄市○魏志王肅傳肅太和中拜散騎常侍肅字子雍東海郡人史評曰劉寔以爲肅方於事上而好下佞己此一反也）

曰然則絜矩之云是則所謂恕者已乎曰此固前章所謂如愛己之心以愛人者也夫子所

謂終身可行。程子所謂充拓（音托）得去，則天地變化而草木蕃（音煩）；充拓不去，則天地閉而賢人隱，皆以其可以推之而無不通耳。朱子曰：推得去，則物我貫通，自有箇生生無窮底意思，便有天地變化草木蕃氣象。天地只是這樣道理。若推不去，物我隔絕，欲利於己，不利於人；欲己之富，欲人之貧；欲己之壽，欲人之夭。似這氣象，全然閉塞隔絕了，便似天地閉、賢人隱。然必自其窮理正心者而推之，則吾之愛惡取舍（上聲）皆得其正，而其所推以及人者亦無不得其正。是以上下四方以此度（音鐸）之，而莫不截然各得其分（去聲）。若於理有未明而心有未正，則吾之所欲者未必其所當欲，吾之所惡者未必其所當惡，乃不察此而遽欲以是爲施於人之準則，則其意雖公而事則私，是將見其物我相侵，彼此交病，而雖庭除之內，跬（丘弭反）步之間，亦且參商（參音森。參商，二星名）矛盾（盾，食允反。二者皆兵器名），而不可行矣，尚何終身之望哉。是以聖賢凡言恕者，又必以忠爲本。而程子亦言忠恕兩言，如形與影，欲去（上聲）其一而不可得。蓋唯忠而後所如之心始得其正，是亦此篇先後本末之意也。（所當先而爲本者，忠也；所當後而爲末者，恕也。）然則君子之學可不謹其序哉。（朱子曰：忠是本體，恕是枝葉。非是別有枝葉，乃是本根中發出枝葉。○陳氏曰：大槩忠恕只是一物，就中截作兩片，則爲二物。蓋存諸中者既忠，則發出外來便是恕。應事接物處不恕，則是在我者必不十分真實。故發出忠底心，便是恕底事；做成恕底事，便見忠底心。）○曰：自身而家，自家而國，自國而天下，均爲推己及人之事。而傳之所以釋之者。一事自爲一說若有不能相通焉者。何也。曰。此以勢之遠邇事之先後而所施有不同耳。實非有異事也。蓋必審於接物。好惡（二字並去聲下同）不偏。然後有以正倫理。篤恩義。而齊其家。其家已齊。事皆可法。然後有以立標準。胥教誨。而治其國。其國已治。（去聲）民知興起。然後可以推己度（待洛反）物。舉此加彼。而平天下。此以其遠近先後而施有不同者也。然自國以上。（上聲）則治於內者嚴密而精詳。自國以下則治於外者廣博而周遍。亦可見其本末實一物。首尾實一身矣。何名爲異說哉（格菴趙氏曰。嚴密精詳。所以爲廣博周遍之地。治內者跡畧茍簡。則治外者雖欲廣博周遍得乎）○曰。所謂民之父母者何也。曰。君子有絜矩之道。故能以己之好惡知民之好惡。又能以民之好惡爲己之好惡也。夫音扶好其所好而與之聚之。惡其所惡而不以施焉。則上之愛下眞猶父母之愛其子矣。彼民之親其上。豈不亦猶子之愛其父母哉三山陳氏曰。父母之於子。其所好惡無有不知者。體氣同也。至於民之好惡。其君常有所不知。無他。制於形體之異耳。能絜矩。則能以民之心爲心。而可以父母斯民。民亦父母之矣○曰。此所引節南山之詩何也。曰。言在尊位者人所觀仰。不可不謹。若人君恣己徇私。不與天下同其好惡。則爲天下僇如桀紂幽厲也。○曰。得衆得國。失衆失國。何也。曰。言能絜矩則民父母之。而得衆得國矣。不能絜矩則爲天下僇而失衆失國矣○曰所謂先愼乎德何也曰上言有國者不可不謹此言其所謹而當先者尤在於德也德卽所謂明德所以謹之亦曰格物致知誠意正心以脩其身而已矣○曰此其深言務財用而失民何也曰有德而有人有土則因天分地不患乎無財用矣然不知本末而無絜矩之心則未有不爭鬭其民而施之以刼奪之教者也易大傳曰何以聚人曰財春秋外傳曰（卽國語）王人者將以導利而布之上下者也故財聚於上則民散於下矣財散於下則民歸於上矣言悖而出者亦悖而入貨悖而入者亦悖而出鄭氏以爲

君有逆命則民有逆辭上貪於利則下人侵畔得其旨矣○曰前既言命之不易矣此又言命之不常何也曰以天命之重而致其丁寧之意亦承上文而言之也蓋善則得之者有德而有人之謂也不善則失之者悖入而悖出之謂也然則命之不常乃人之所自爲耳可不謹哉○曰其引秦誓何也曰言好（去聲下同）善之利及其子孫不好善之害流於後世亦由絜矩與否之異也曰媢疾之人誠可惡（去聲下並同）矣然仁人惡之之深至於如此得無疾之已甚之亂邪曰小人爲惡（如字下惡人惡善惡惡並同）其千條萬端其可惡者不但媢疾一事而已仁人不深惡乎

彼而獨深惡乎此者。以其有害於善人。使民不得被其澤。而其流禍之長。及於後世而未已也。然非殺人于貨之盜。則罪不至死。故亦放流之而已。然又念夫（音扶）彼此之勢雖殊。而苦樂（音洛）之情則一。今此惡人放而不遠。則其爲害雖得不施於此。而彼所放之地。其民復（扶又反）何罪焉。故不敢以己之所惡施之於人。而必遠而置之無人之境。以禦魑（抽知反）魅（音媚）而後已。蓋不惟保安善人。使不蒙其害。亦所以禁伏凶人。使不得稔其惡。雖因彼之善惡而有好惡之殊。然所以仁之之意亦未嘗不行乎其間也。此其爲禦亂之術至矣。而何致亂之有。曰。迸之爲屏（必正反，下同）何也。曰。古字之通用者多矣。漢石刻詞有引尊五美屏四惡者。而以尊爲遵。以屏爲迸。則其證也。曰。仁人之能愛人能惡人。何也。曰。仁人者私欲不萌而天下之公在我。是以是非不謬（靡幼反）而舉措得宜也。○曰。命之爲慢與其爲怠也孰得。曰。大凡疑義所以決之不過乎義理文勢事證三者而已。今此二字欲以義理文勢決之。則皆通。欲以事證決之。則無考。蓋不可以深求矣。若使其於義理事實之大者有所鄉（許亮反）。背（音佩）而不可以不究。猶當視其緩急以爲先後。況於此等字既兩通。而於事義無大得失。則亦何必苦心極力以求之。

徒費曰而無所益乎以是而推他亦皆可見矣曰好善惡好惡並去聲下同惡如字人之性然也有拂人之性者何哉曰不仁之人阿黨媢疾有以陷溺其心是以其所好惡戾於常性如此與民之父母能好惡人者正相反使其能勝私而絜矩則不至於是矣○曰忠信驕泰之所以爲得失者何也曰忠信者盡己之心而不違於物絜矩之本也驕泰則恣己徇私以人從欲不得與人同好惡矣○曰上文深陳財用之失民矣此復扶又反言生財之道何也曰此所謂有土而有財者也夫音扶洪範八政食貨爲先見尚書洪範篇三八政疇子貢問政而夫子告之亦以足食爲

首。蓋生民之道不可一日而無者。聖人豈輕之哉。特以爲國者以利爲利。則必至於剝民以自奉而有悖出之禍。故深言其害以爲戒耳。至於崇本節用。崇本。生之衆。爲之疾也。節用。食之寡。用之舒也。有國之常政。所以厚下而足民者。則固未嘗廢也。呂氏之說得其旨矣。呂說已見章句中有子曰百姓足。君孰與不足。孟子曰無政事則財用不足。正此意也。然孟子所謂政事。則所以告齊梁之君使之制民之產者是已。豈若後世頭會古外反箕斂力驗反厲民自養之云哉前漢書陳餘傳。秦爲亂政。外內騷動。百姓罷敝。罷音疲頭會箕斂以供軍費。秦吏到民家計人頭數以箕斂之而供軍需。財匱力盡○曰。仁者以財發身。不仁者以身發財。何也。曰。

仁者不私其有。故財散民聚而身尊。不仁者惟利是圖。故捐身賈禍以崇貨也。然亦即財貨而以其效言之爾。非謂仁者眞有以財發身之意也。曰。未有府庫財。非其財者何也。曰。上好（去聲下同）仁。則下好義矣。下好義。則事有終矣。事有終。則爲君者安富尊榮。而府庫之財可長保矣。此以財發身之效也。上不好仁。則下不好義。下不好義。則其事不終。是將爲天下僇之不暇。而況府庫之財又豈得爲吾之財乎。若商紂以自焚而起鉅橋鹿臺之財。德宗以出走而豐瓊林大盈之積。皆以身發財之效也。（史記。紂使師涓作新淫聲。北里之舞。靡靡之樂。厚賦稅以實鹿臺之財。而盈鉅橋之粟。以酒爲池。縣肉爲林。爲長夜之飲。百姓怨望。而諸侯有畔者。周武王於是遂率諸侯伐紂。紂亦發兵距之牧野。甲子日。紂兵敗。紂走登鹿臺。衣其寶玉衣自焚而死。武王遂斬紂頭縣之白旗。又書武成篇。此篇記武王功成之事乃反商政。政由舊。散鹿臺之財。發鉅橋之粟。大賚于四海而萬姓悅服。○唐書陸贄傳。始帝播遷。帝德宗也。朱泚反。帝出走在外府藏委棄。至是天下貢奉稍至。乃於行在夾廡署瓊林大盈二庫。別藏貢物。贄諫以爲今師旅方殷。瘡痛呻吟之聲未息。遽以珍貢私別庫。恐羣下有所觖望。不滿所望請悉出以賜有功。給軍賞。帝悟。即撤其署。

○曰。其引孟獻子之言何也。曰。雞豚牛羊。民之所畜許六反養以爲利者也。既已食君之祿而享民之奉矣。則不當復扶又反與之爭。此公儀子所以拔園葵上聲下同去織婦。而董子因有與之齒者去其角。傳之翼者兩其足之喻。皆絜矩之義也。史記。公儀休爲魯相。食茹而美。食其菜曰茹拔其園葵而棄之。見其家織布好而疾。出其家婦。燔其機云。欲令農夫工女安所讎其貨乎。讎。售也。謂食祿者不得與下民爭利〇西漢書。董仲舒以賢良對策曰。夫天亦有所分。去聲予。上聲之齒者去其角。言天生物賦予有分定。牛無上齒者則有角。其餘無角則有上齒傅之翼者兩其足。傅。讀曰附。附。著也。言鳥不四足是所受大者不得取小也。古之所予祿者不食於力。不勤於末。末謂工商之業是亦受大者不得取小與天同意者也聚斂之臣。剝民之膏血以奉上而民被其殃。盜臣。竊君之府庫以自私而禍不及下。仁者之心。至誠惻怛。當葛反寧亡己之財而不忍傷民之力。所以與其有聚斂之臣。寧有盜臣。亦絜矩之義也。昔孔子以臧文仲之妾織蒲而直斥其不仁。事詳見論語公冶長篇以冉求聚斂於季氏而欲鳴鼓以聲其罪。以聖人之宏大兼容。溫良博愛。而所以責二子者疾痛深切不少假借如此。其意亦可見矣。三山陳氏曰。纖紝亦儉矣。而君子疾之。以其主於利也。冉求之聚斂。未必有後世掊克之事。但聚斂藏於季氏之家而不能布之於下。則聖人疾而欲攻之。況剝民力以自富乎。○西山眞氏曰。近世所謂善理財者。何其僭乎此也。元元已病。而科斂日興。不知皮將盡而毛無所附也。出新巧以籠愚民。苟邀倍稱之入。不知朝四暮三之無益也。孟子曰。我能爲君充府庫。今之所謂良臣。古之所謂民賊也。曰。國不以利爲利。以義爲利。何也。曰。以利爲利。則上下交征。不奪不饜。以義爲利。則不遺其親。不後其君。蓋惟義之安。而自無所不利矣。程子曰。聖人以義爲利。義之所安。即利之所在。正謂此也。孟子分別。筆列反義利。拔本塞源之意。其傳蓋亦出於此云。朱子曰。只萬物皆得其分。便是利。君得其爲君。臣得其爲臣。父得其爲父。子得其爲子。何利如之。這利字。即易所謂利者義之和。利便是義之和處◯曰。此其言菑害並至無如之何何也。曰。怨已結於民心。則非一朝一夕之可解矣。聖賢深探其實而極言之。欲人有以審於未然而不爲無及於事之悔也。以此爲防。人猶有用桑羊孔僅宇文融楊矜陳京裴延齡之徒以敗其國者。桑弘羊。楊愼矜。朱子以在宋避諱。故各去一字。◯張氏存中曰。桑弘羊。洛陽賈人之子。漢武帝朝爲治粟都尉。領大司農。盡管天下鹽鐵。後爲御史大夫。昭帝朝與燕王旦謀反坐誅。◯孔僅。漢武帝朝爲大農丞。領鹽鐵事。後爲大農令。◯宇文融。辨給多詐。唐玄宗朝爲覆田勸農使。擢兵部員外郎。兼侍御史。又兼租地安輯戶口使。拜御史中丞。有司劾融交不逞。作威福。貶平樂尉。司農發融在汴州給隱官息錢巨萬。給事中馮紹烈。深文推證。詔流嵓州。道廣州。惶恐而卒。◯楊愼矜。唐玄宗朝爲御史。知雜事。後授御史中丞。以蓄讖緯妖言賜死。◯陳京。事唐德宗。帝討李希烈。財用屈。京爲給事中。與戶部侍郎趙贄請稅民屋間架。籍賈人資力。以率貸之。後以事罷爲秘書少監卒。○裴延齡。唐德宗朝爲司農少卿領度支。取宿姦老吏與謀。以固帝幸。延齡資苛刻。專剝下附上。肆騁譎怪。時人側目。及死。人語以相安。惟帝悼不已。

故陸宣公之言曰。（陸公。名贄。字敬輿。蘇州嘉興人。事唐德宗。謚曰宣。其言見奏議。）民者邦之本。財者民之心。其心傷。則其本傷。其本傷。則枝幹凋瘁（秦醉反）而根柢蹷（居月反）拔矣。呂正獻公之言曰。（呂公名公著。字晦叔。謚正獻。河南人。其言見奏劄。）小人聚斂以佐人主之欲。人主不悟。以爲有利於國。而不知其終爲害也。賞其納忠。而不知其大不忠也。嘉其任怨。而不知其怨歸於上也。嗚呼。若二公之言。則可謂深得此章之指者矣。有國家者可不監哉。（格庵趙氏曰。興利之臣。不過以聚斂爲長策。以掊克爲善謀。唯求取媚於上。而不顧結怨於下。人主以其奉己之欲。悅而寵之。不知其失民心而蠹國脉。菑害並至。匪一朝一夕之可解。有必然之理者。此桑羊之徒。所以誤人之天下國家至於極也。陸呂二公之言。可謂當矣。如司馬公闢善理財者不加賦之說則亦所當知。其言曰。天地所生財貨百物。止有此數。不在民則在官。譬如雨澤夏澇則秋旱。此古今之至言也。後世之臣有以言利媚人主者。其尚以大學此章之旨與三君子之言察之。○玉溪盧氏曰。聖賢千言萬語。其論道只在遏人欲以存天理。其論治只在進君子而退小人

○曰。此章之文。程子多所更平聲下同定。而子獨以舊文爲正者何也。曰。此章之義博。故傳言之詳。然其實則不過好惡並去聲義利之兩端而已。但以欲致其詳。故所言已足而復扶又反更端以廣其意。是以二義相循。間去聲見形甸反下同層出。有似於易置而錯陳耳。然徐而考之。則其端緒接續。脉絡貫通。而丁

寧反復爲去聲人深切之意，文自别見於言外，不可易也。

必欲二説中判，以類相從，自始至終畫爲兩節，則其界

辨雖若有餘，而意味或反不足，此不可不察也。

中庸章句序

中庸何爲去聲而作也子思子憂道學之失其傳而作也朱子曰曾子學於孔子而得其傳子思又學於曾子而得其所傳於孔子者既而懼夫傳之久遠而或失其眞也於是作爲此書○雲峯胡氏曰唐虞三代之隆斯道如日中天中庸可無作也至孔子時始曰攻乎異端然其說猶未敢盛行至子思時則有可憂者矣憂異端之得肆其說所以憂道學之不得其傳也蓋自上古聖神繼天立極而道統之傳有自來矣道統二字爲此序綱領後面屢提掇照應其見形甸反於經則允執厥中者堯之所以授舜也人心惟危道心惟微惟精惟一允執厥中者舜之所以授禹也堯之一言至矣盡矣而舜復扶又反又也後凡遇此字當釋爲又字之義者並同益之以三言者則所以明夫音扶序中除夫子之夫如字外並同音堯之一言必如是

而後可庶幾平聲也。朱子曰。中只是箇恰好底道理。允是眞箇執得堯告舜只一句。舜已曉得所以不復更說。舜告禹又添三句。這三句是允執厥中以前事。是舜教禹做工夫處。便是怕禹尚未曉得。故恁地說。○舜禹相傳。只就這心上理會也。只在日用動靜之間求之。不是去虛空中討一箇物事來。○只是一箇心。有道理底人心。即是道心。○勿齋程氏曰。人生而靜。氣未用事。未有人與道之分。但謂之心而已。感物而動。始有人心道心之分焉。精一執中。皆是動時工夫。○雲峯胡氏曰。六經言道統之傳自虞書始。不有論語表出堯曰允執其中。則後世孰知舜之三言所以明堯之一言哉。朱子於論語執中無明釋。至孟子湯執中始曰守而不失。意可見矣。堯之執中。不可以賢者之固執例論。自堯之心推之。則聖不自聖。愈見堯之所以爲聖爾。況中無定體。儻不言執。人將視之如風如影。不可捕詰矣。然執之工夫只在精一上。堯授舜曰允執厥中。如夫子語曾子以一貫。舜授禹必由精一而後執中。是猶曾子告門人必由忠恕而達於一貫也。蓋嘗論之。心之虛靈知覺一而已矣。勿齋程氏曰。虛靈心之體。知覺心之用。○格庵趙氏曰。知是識其所當然。覺是悟其所以然。而以爲

二八八

有人心道心之異者，則以其或生於形氣之私，或原於性命之正。問：形氣是耳目鼻口四肢之屬，未可便謂之私欲。朱子曰：但此數件事屬自家體段上，便是私有底物，不比道便公共，故上面便有箇私底根本，如飢飽寒燠之類，皆生於吾之血氣形體，而他人無與焉，所謂私也。亦未便是不好，但不可一向徇之耳。○形氣非皆不善，只是靠不得。蔡季通曰：形氣之有善，皆自道心出，由道心則形氣善，不由道心，一付於形氣則爲惡。形氣猶船也，道心猶柂也。船無柂，縱之行，有時入於波濤，有時入於安流，不可一定。惟有一柂以運之，則雖入波濤無害。故曰：天生烝民，有物有則。物乃形氣，則乃理也。○西山眞氏曰：私猶言我之所獨耳。今人言私親私恩之類，非惡也。如六經中遂及我私、言私其豵，此類以惡言之可乎？○雲峯胡氏曰：生是氣已用事時方生，原是從大本上說來，就氣之中指出不雜乎氣者言之。○新安陳氏曰：有形氣之私，方有人心，故曰生；自賦命受性之初，便有道心，故曰原。○東陽許氏曰：人心發於氣，如耳目口鼻四肢之欲是也。然此亦是人身之所必有，但有發之正不正爾，非全不善，故但云危，謂易流入於不善而没其善也。道心發於理，如惻隱羞惡辭遜是非之端是也。亦存乎氣之中。爲人心之危者晦之。故微而難見。心只是一箇心。上加人字道字看。便見不同。若只順讀人心道心字。却似有二心矣。謂之道則是天理之公。謂之人。則是我身之私。雖我身之私。亦非全是不善。因身之所欲者發而正。即合乎道而爲道心之用矣。大抵人心可善可惡。道心全善而無惡。而所以爲知覺者不同。朱子曰。只是這一箇心。知覺從耳目上去。便是人心。知覺從義理上去。便是道心。○新安陳氏曰。前言虛靈知覺。總心之體用而言。此單言所以爲知覺者。專以心之用言也。體無不同。用始有不同。知覺從形氣之私而發者曰人心。知覺從性命之正而發者曰道心。所以此只言知覺而不及虛靈。是以或危殆而不安。或微妙而難見耳。朱子曰。危未便是不好。只是危險。在欲墮未墮之間。易流於不好耳。微者難明。有時發見些子。使自家見得。有時又不見了。○雲峯胡氏曰。朱子以前。多便指人心爲人欲。殊不知氣以成形。是之謂人。理亦賦焉。是之謂道。非人無以載此道。故言道心。必先言人心。非道則其爲人不過血氣之軀爾。故言人心。必言道心。如飲食男女。人心也。飲食男女之得其正。道心也。人心之發危而不安。而發之正者又微而難見。實非有兩心也。然人莫不有是形。故雖上智不能無人心。亦莫不有是性。故雖下愚不能無道心。朱子曰。道心是義理上發出來底。人心是人身上發出來底。雖聖人不能無人心。如飢食渴飲之類。雖小人不能無道心。如惻隱之心是。二者雜於方寸之間而不知所以治之。陳氏曰。人心道心。二者無日無時不發見呈露。非是判然不相交涉。只在人別識之。○新安陳氏曰。不知所以治之者。不知以精一之理治之也。則危者愈危微者愈微。危愈危。流於惡。微愈微。幾於無。而天理之公卒無以勝夫人欲之私矣。朱子曰。人心之危者。人欲之萌也。道心之微者。天理之奧也。○雲峯胡氏曰。人心未便是人欲。到不知所以治之。方說得人欲。上文形氣之私。與性命之正對言。私字未爲不好。此云人欲之私。與天理之公對言。私字方是不好耳。精則察夫二者之間而不雜也。一則守其本心之正而不離去聲也。朱子曰。精是精察分明。一是要守得不離。○陳氏曰。要分別二者界分分明。不相混雜。專守道心之正。而無以人心二之。○雲峯胡氏曰。孟子曰。利與善之間。所謂間者。猶易剖析。此所謂二者之間。方寸雜於方寸。非精以察之不可也。本心之正。即上文所謂原於性命之王者。盖其本也。真而靜。其未發也。五性具焉。此所謂性命之正。即吾心之正也。形既生矣。外物觸其形而動於中。於其發也。始有人心道心之異。必能專一於道心。是即守其本心之正而不離也。從事於斯。斯指精一。無少間去聲斷。徒玩反必使道心常為一身之主。而人心每聽命焉。問。人心可以無否。朱子曰。如何無得。但以道心為主。而人心每聽道心之區處方可。○有道心而人心為所節制。人心皆道心也。○人心是此身有知覺嗜欲者。豈能無。但為物誘而至於陷溺則為害爾。故聖人以為此人心有知覺嗜欲。然無所主宰則流而忘反。不可據以為安。故曰危。道心則是義理之心。可以為人心之主宰。而人心據以為準者也。然道心却雜出於人心之間。微而難見。故必須精之一之而後中可執。然此又非有兩心也。只是義理與人欲之辨爾。則危者安。微者著。而動靜云為。自無過不及之差矣。朱子曰。不待擇於無過不及之間。自然無一不中矣。○

陳氏曰如此則日用之間無往非中凡聲之所發便合律身之所行便合度凡由人心而出者莫非道心之流行〇雲峯胡氏曰人心本危能收歛入来則危者安道心本微能充拓出去則微者著中如何執只精一便是執之之工夫所以朱子於此不復釋執字然上文曰守其本心之正而不離下一守字便見得執中之功先在惟精而重在惟一〇新安陳氏曰朱子引禹謨四句以見中庸之宗祖以標道統之淵源可謂考諸三王而不繆百世以俟聖人而不惑者矣夫堯舜禹天下之大聖也以天下相傳天下之大事也以天下之大聖行天下之大事而其授受之際丁寧告戒不過如此則天下之理豈有以加於此哉雲峯胡氏曰天下之理豈有以加於此者中之一字聖聖相傳之道莫加於此也精一二字聖聖相傳之學莫加於此也自是以來聖聖相承若成湯文武之爲君皐陶伊傅周召音部之爲臣既皆以此而接夫道統之傳新安陳氏曰若孟子末章所標列聖之君聖賢之臣見而

知之。聞而知之者。不過只是知此耳。以此之此。指三聖相授受之說。道統二字。再提出與前相照應。若吾夫子則雖不得其位。而所以繼往聖開來學。其功反有賢於堯舜者。雲峯胡氏曰。未論六經之功有賢於堯舜。只如此執中一語。夫子不於論語之終發之。孰知其爲堯之言。不於堯曰執中之後而繼之湯武誓師之意與其施於政事者。又孰知夫堯舜之授受者此中。而湯武之征伐者亦此中也哉。姑即此一節言之。其功賢於堯舜可知矣。然當是時。見而知之者。惟顏氏曾氏之傳得其宗。雲峯胡氏曰。夫子以前傳道統者皆得君師之位。而斯道以行。夫子以後傳道統者不得君師之位。而斯道以明。故明堯舜禹湯文武之道者。夫子六經之功。而明夫子之道者。曾子大學子思中庸之功也。○新安陳氏曰。顏子博文。精也。約禮。一也。曾子格致。精也。誠正。一也。及曾氏之再傳。而復得夫子之孫子思。則去聖遠而異端起矣。子思懼夫愈久而愈失其眞也。發首二句意。於是推本堯舜以來相傳之意質以平日所聞父師之言，更（平聲）互演（以淺反）繹（音亦），作爲此書，以詔後之學者。蓋其憂之也深，故其言之也切；其慮之也遠，故其說之也詳。其曰「天命率性」，則道心之謂也；（雲峯胡氏曰。性是心未發時，此理具於心。道心是心已發時，此心合乎理。○新安陳氏曰。上文云道心原於性命之正，可見天命謂性，率性謂道，即是道心之謂。○東陽許氏曰。切言深要，詳言周備。憂深爲道之不明也，故言之深而要；慮遠恐久而復失也，故說之周而備。）其曰「擇善固執」，則精一之謂也；（朱子曰。擇善即惟精，固執即惟一。）其曰「君子時中」，則執中之謂也。（朱子曰。時中是無過不及底中。執中亦然。○雲峯胡氏曰。執中二字，堯言之；時中二字，夫子始言之。道不合乎中，異端之道，非堯舜之道；中不合乎時，子莫之執中，非堯舜之執中。）世之相後，千有餘年，而其言之不異，如合符節。歷選前聖之書，所以提挈（苦結反）綱維、開示蘊奧（委粉、於問二反）

未有若是之明且盡者也。自是而又再傳以得孟氏爲能推明是書以承先聖之統。此統字又指道統言之。○格庵趙氏曰。中庸深處。多見於孟子。如道性善。原於天命之性也。存心收放心。致中也。擴充其仁義之心。致和也。誠者天之道。思誠者人之道。一章。其義悉本於中庸。尤足以見淵源之所自及其沒而遂失其傳焉新安陳氏曰。惟精以審擇。惟一以固守。此自堯舜以來所傳。未有他議論時。先有此言。聖人心法。無以易此。後來孔門教人先後次第。皆宗之。中庸博學至明辨。皆惟精也。篤行。惟一也。明善。精也。誠身。一也。顏子擇中庸。便是精。得一善服膺。便是一。大學格物致知。非惟精不可能。誠意則惟一矣。學只是學此。孟子以後失其傳。亦只是失此則吾道之所寄不越乎言語文字之間而異端之說日新月盛。以至於老佛之徒出則彌近理而大亂眞矣朱子曰。便是他那道理也有相似處。只是說得來別。須是看得他那彌近理而大亂眞處始得○陳氏曰。彌近理而大亂眞。甚相似而絶不同也。然非物格知至。理明義精者。不足以識破然而尚幸此書之不泯。音閔故程夫子兄弟者出得有所考以續夫千載上聲不傳之緒。音序。緒即道之統緒斯得有所據以斥夫二家似是之非。老佛二家彌近理。故似是大亂眞本全非也蓋子思之功於是爲大而微程夫子則亦莫能因其語而得其心也。惜乎其所以爲說者不傳。朱子曰。明道不及爲書。伊川雖訂中庸已成書。自以不滿其意而火之矣而凡石氏之所輯音集錄即石子重集解僅出於其門人之所記。是以大義雖明而微言未析。至其門人所自爲說則雖頗詳盡而多所發明。然倍音佩其師說而淫於老佛者亦有之矣。熹自蚤與早通歲即嘗受讀而竊疑之。沈俗作沉非潛反復。芳服反亦作覆蓋亦有年。一旦恍然似有得其要領者。東陽許氏曰。嘗之要。衣之領。皆是總會處然後乃敢會衆說而折其衷。既爲去聲定著章句一篇。以俟後之君子。而一二同志復取石氏書。刪其繁亂。名以輯略。且記所嘗論辯取舍上聲之意。別爲或問。以附其後。然後此書之旨。支分節解。脉絡貫通。詳略相因。巨細畢舉。而凡諸說之同異得失。亦得以曲暢旁通。而各極其趣。東陽許氏曰。章句。輯略。或問。三書既備。然後中庸之書如支體之分。骨節之解。而脉絡却相貫穿通透雖於道統之傳。不敢妄議。雖謙言不敢與道統之傳。實有不容辭其責者然初學之士。或有取焉。則亦庶乎行遠升高之一助云爾。行遠自邇。升高自卑。引中庸語以結中庸序。尤切。○雲峯胡氏曰。大學中不出性字。故朱子於序言性詳焉。中庸中不出心字。故此序言心詳焉淳熙己酉公時年六十春三月戊申新安朱熹序

讀中庸法

朱子曰。中庸一篇。某妄以己意分其章句。是書豈可以章句求哉。然學者之於經。未有不得於辭而能通其意者。

南軒張氏曰。中庸一書。聖學之淵源也。體用隱顯。成己成物備矣。雖然。學者欲從事乎此。必知所從入。而後可以馴致焉。其所從入奈何。子思以不睹不聞之訓著于篇首。又於篇終發明尚絅之義。且曰君子之所不可及者。其惟人之所不見乎。而推極夫篤恭之效。其示來世可謂深切著明矣。○勉齋黃氏曰。中庸之書。章句或問言之悉矣。學者未有不曉其文而能通其義者也。然此書之作。脉絡相通。首尾相應。子思子之所述。非若語孟問答之言。章殊而指異也。苟徒章分句析。而不得一篇之大旨。則亦無以得子思著書之意矣。程子以爲始言一理。中散爲萬事。末復合爲一理。朱子以誠之一字爲此篇之樞紐。示人切矣。○西山眞氏曰。中庸始言天命之性。終言無聲無臭。宜若高妙矣。然曰戒愼。曰恐懼。曰謹獨。曰篤恭。則皆示人以用力之方。蓋必戒懼謹獨而

後能全天性之善必篤恭而後能造無聲無臭之境未嘗使人馳心窈冥而不踐其實也

又曰中庸初學者未當理會○中庸之書難看中間說鬼說神都無理會學者須是見得箇道理了方可看此書將來印證○讀書之序須是且著力去看大學又著力去看論語又著力去看孟子看得三書了這中庸半截都了不用問人只畧畧恁看過不可掉了易底却先去攻那難底中庸多說無形影說下學處少說上達處多若且理會文義則可矣○讀書先須看大綱又看幾多間架如天命之謂性率性之謂道脩道之謂教此是大綱夫婦所知所能與聖人不知不能處此類是間架譬

人看屋先看他大綱。次看幾多間。間內又有小間。然後方得貫通。勉齋黃氏曰。中庸自是難看。石氏所集諸家說尤亂雜。未易曉。須是胷中有權衡尺度。方始看得分明。今驟取而讀之。精神已先爲所亂。却不若子細將章句研究。令十分通曉。俟首尾該貫。後却取而觀之可也。○中庸與他書不同。如論語是一章說一事。大學亦然。中庸則大片段。須是衮讀。方知首尾。然後逐段解釋。則理一通矣。今莫若且以中庸衮讀。以章句子細一一玩味。然後首尾貫通。

又曰。中庸自首章以下多對說將來。直是整齊。某舊讀中庸以爲子思做。又時復有箇子曰字。讀得熟後。方見得是子思參夫子之說。著爲此書。自是沈潛反覆。遂漸得其旨趣。定得今章句。擺布得來直恁麼細密。○近看中庸於章句文義間窺見聖賢述作傳授之意。極有條理如繩貫棊局之不可亂○中庸當作六大節看。首章是一節。說中和。自君子中庸以下十章是一節。說中庸。君子之道費而隱以下八章是一節。說費隱。哀公問政以下七章是一節。說誠。大哉聖人之道以下六章是一節。說大德小德。末章是一節。復申首章之義三山陳氏曰。中庸三十三章其血脈貫通之處朱子既爲之章句。又提其宏綱。如言某章是援引先聖之言。某章是子思發明之說。其有次序○王氏曰。是篇分爲四大支。第一支首章子思立言。下十一章引夫子之言以終此章之義。第二支。十二章子思之言。下八章引夫子之言以明之。第三支。二十一章子思承上章夫子天道人道以立言。下十二章子思推明此章之義。第四支。三十三章子思因前章極致之言反求其本。復自下學立心之始推言戒懼愼獨之事。以馴致其極問中庸大學之别曰如讀中庸求義理只是致知功夫如謹獨脩省亦只是誠意問只是中庸直說到聖而不可知處曰如大學裏也有如前王不忘便是篤恭而天下平底事　雙峯饒氏曰大學是說學中庸是說道理會得大學透徹則學不差理會得中庸透徹則道不差○東陽許氏曰中庸大學二書規模不同大學綱目相維經傳明整猶可尋求中庸贊道之極有就天言者有就聖人言者有就學者言者廣大精微開闔變化高下兼包巨細畢舉故尤不易窮究